子育て優先で

週休3日・年収1000万の仕事術

子育てママが頑張らないで自分らしく稼ぐ方法

青山ひろみ

Hiromi Aoyama

RTH出版

平井ナナエ（楽読創業者・RTHグループCEO）推薦メッセージ

私も経験した「子どもを持ちながら働くこと」の難しさ、
プレッシャー、周りの大人からの目など……
そんな中で、子どもを守りながら働く姿に感動しています。
ぴろみんの生き方・働き方は、多くの女性の希望になると確信しています。
多くの女性が、自分を苦しめる思い込みから解放されるためにも、
この本を手に取ってほしい。
子どもを持つお母さん達へ大推薦します。

はじめに

こんにちは。青山ひろみです。「ぴろみん」と気軽に呼んでいただけたら嬉しいです。「なぜこの本を書いたのか?」を、自己紹介を兼ねてご紹介します。

この本を手にとったということは、「子育て優先で、週休3日で年収1000万」というフレーズが大変気になっているのではないでしょうか。

今でこそ「仕事ができる人」「ビジネスのセンスがある人」って言って頂くことが増えましたが、小さい時は体が病弱でいじめられっ子でしたし、引っ込み思案で友達もかなり少ない方でした。成績もパッとしない方だし、しかも運動音痴で体育の授業で二人ペアを作る際、必ず一人残ってる子でした(笑)。

そのような一番辛い時期に自分を支えたのが、

「学ぶことによって、できないことができるようになる」

という原体験でした。これは、いまでも私の原点となっていますし、この書籍でもお伝えたいことです。

暗め女子だった私がそんな自分を変えたいと願って、ウエディング業界という華やかな業界を狙って就活しました。無事に名古屋の結婚式場から内定をもらって社会人デビューを果たしますが、あまりにも仕事ができず、同期がどんどん出世していく中、私だけが長らく新人の仕事をさせられ続ける、というような状況……。

二十代後半でリクルートに転職したものの、ここでもあまりに仕事ができず、毎日のように先輩や上司から叱られ、クライアントさんからはクレームを頂くことも多く、しょっちゅうトイレに駆け込んで泣いてるようなヘタレ女子でした。

この頃は盛大に周囲の足を引っ張ってました……。

（当時の私とお仕事ご一緒して下さった皆さんには、今でも感謝しています）

そんな状況ではあったものの、私には強い思いがありました。

「学ぶことによって、できないことができるようになる」

「世の中には広く知られていないだけで、人の人生をさらに豊かにする学びがたくさんある」

「毎日が楽しくない人、人生を変えたい人、そんな人にこの情報を届けるんだ！」

そんな思いが私を突き動かしていました。私自身が、学ぶことによって人生が豊かになっていった原体験を持っていたので、熱い情熱を持っていたのです。


そして、自分が作った原稿が、雑誌になって書店に並んでいる。

この経験も私にとっては大きなやりがいでした。

リクルート入社後は、繁忙期には遅くまで残業するような生活をしていました。多少キツくても、頑張ること自体が好きだったのです。


この努力は報われ、入社二年目からは営業成績優秀者として、多くの表彰を頂くことができました（当時の先輩たちの根気強いご指導に感謝です）。
また、私の新規開拓営業の手法が、新人育成のマニュアルとして採用され、事業部内で全国展開されました。

「できない自分が、どうやったらできるようになるか？」を、ひたすら探究した結果、誰もができるようになるマニュアルが完成したのです。この体験から得た教訓やノウハウは、今回の書籍にも詰め込んでいます。

この会社に中途入社した営業職の多くは、私も含め最長期間三年の契約社員です。多くの先輩たちが、三年で会社を卒業していく中、なんと私はこれまでの実績を評価され、正社員登用されました。

「どんなにダメな自分でも、どんなにしんどくても、頑張り抜けば必ず道は拓ける」
自分の頑張りが形になった瞬間でした。

そんなある日、事件が起きます。

体調が悪いわけでもないのに、突然、立っていられないような激しい目眩に悩まされるようになりました。

急ぎ病院に行きました。

どうやら、頑張りすぎたようです。

「メニエール病」という病気になっていました。

二十代、三十代の女性に多く見られる、ストレスや睡眠不足やホルモンバランスの崩れから発症する病気です。目眩のほか、難聴、吐き気などの症状がおきます。

頑張ることが好きだったはずの私にとって、この出来事は衝撃でした。

「私は、頑張ることが好きだったはずなんだけど、何が違ったのだろう？」

自分の本来の気持ちにようやく気付いた私は、**「頑張らずに成果を出すこと」「短時間で最大限のアウトプットを出すこと」に強い興味関心を持つようになりました。**

のちに、この経験が「子育て優先・週休3日で年収1000万」の働き方のベースになったのです。

その後、第一子を出産した私は、紆余曲折ありながらも夫の理解を得て、子育てに取り組みながらもこの働き方を続けています。

「起業したりお金をたくさん稼ぐには、ものすごく頑張らないといけない」
って思っていませんか？

「子どもがいるんだから、やりたいことや自分の時間は我慢しないといけない」

って思っていませんか？

そう思っている人は、実際にそうなります。
でも、「意識」と「やり方」を変えることができれば、違う結果になります。

私がなぜ本を書いているかというと、世の中のママさんたちに、
「あきらめないで！」
と伝えたいと思ったからです。
髪の毛を振り乱して頑張らなくたって、家族の時間をしっかりとった上で、しっかり仕事で結果を出すことはできます。

本書でお伝えしていくのは、大きく二点です。

一つは、家族を犠牲にしなくても、**時間と心にゆとりのない生活をしなくても、自分らしく起業して成功するためのセオリー**です。

私のような子育てしながら起業したママさんが「頑張らないで成果を出すにはどうしたらいいのか？」を追求した経験談をお伝えします。

もう一つは、**起業してから失敗しないためのポイント**です。

成功する起業のポイントは、多岐に渡っているのでその人によって、ビジネスに取り組む業界によって、何が合うのかが変わってきます。

でも、失敗するためのポイントは、どの業界、どの職種、どんな人であっても共通して言えるものがあります。

せっかく起業するのであれば、成功確率を高めた状態でスタートして頂きたいのです。

この本を読んで、

「私も新しい挑戦をしてみよう」

と思える人が増えたら、本当に嬉しく思います。

目次

はじめに……004

第1章 子育てママこそ起業しよう！ 017

子育て中「だからこそ」起業がオススメ……018
子育てママの起業が難しい理由① 周囲が起業に反対している……021
対策 自分の起業への本気度を、しっかりと伝える
子育てママの起業が難しい理由② お金がない……028
対策 「払ったお金が十倍になって帰ってくるなら？」を前提に考える
子育てママの起業が難しい理由③ 時間がない……031
対策 ①家事・育児の時間の中で、周囲をどんどん頼る ②変な時間を使う
子育てママの起業が難しい理由④ 子連れだから質が悪いと思われる……035

対策 子連れが武器になる状況を作り出す

第2章 成功のコツは「習慣」の力を活用すること 043

子育て優先のライフスタイルでも稼ぐ方法 044
「当たり前」をやり続けると、結果につながる 049
自分の機嫌を自分で取る 053
相手の隠れた本心にアプローチする 057
コラム 数あるビジネスモデルの中で、ぴろみんが楽読を選んだ理由 066

第3章 元いじめられっ子が「成幸」できた理由 081

成功できるのは「優秀」だからじゃない！ 082
「鋼のメンタル」を手に入れる 086
自分の中の「ねばならない」を手放す 090

第4章 ✤ 働くママ、ぴろみんの仕事術 097

「ドリームキラー」には「ありがとう」で対応 …… 098
結果を出してしまえば、誰も何も言えなくなる …… 104
起業した方が良い人、会社勤めが良い人 …… 108
「一人何役もこなす」のが個人事業主 …… 111
「結果を出す人」は、こんな人 …… 116
ファンを作り、ビジネスにつなげるための「ストーリー」 …… 122
起業前に抑えておきたいポイント …… 127
起業するとは「下りのエスカレーターに乗る」みたいなもの …… 131

第5章 ✤ ぴろみん流・仕事と家庭の両立術 135

ワーキングママにとって、時間は命 …… 136

ワーキングママ最大の難関、仕事と家事の両立……144
夫に家事や子育てに協力してもらうコツ……148
イクメンパパ育成には、子どもを味方にしよう……151

第6章 ぴろみん流タイムマネジメント術

157
少しの手間で大きな成果を出す！　そのために……158
上手な時間の使い方のために……165
時間ドロボー撃退法……169
あとがき……189

第1章 子育てママこそ起業しよう！

子育て中「だからこそ」起業がオススメ

「子育てしながら起業」「子育てしながら年収一千万」と聞くと、「どうせ子どもをほったらかしなんでしょ」とか「周りが協力してくれないから、私にはムリ」とか、色々と「できない理由」が頭を駆け巡るのではないか、と思います。

夫や家族から反対されたらどうしよう、子育てしながら起業なんてできるのか？　子どもがいても稼げるのか……などなど、不安なこと、心配なことは本当にたくさんあると思います。

その不安、めっちゃわかります。

私は、愛知県一宮市で、『楽読』という速読スクールを開校し、インストラクターとして活動していますが、起業する前は同じように不安を抱えていました。

「子どもが熱を出したら、仕事を休まないといけないから、本当に大丈夫か」とか「仕事中に子どもが騒いだりして、邪魔かもしれない」とか、「育児はお金がかかるし、その上、起業のための資金まで準備できる?」とか、「夜や週末は子どものために使いたい」とかとか。

こういう諸々の「子育てしながら起業するなんて無理じゃない?」という疑問に対する、私の答えはこちらです。

子育てしながら起業は、できます!

むしろ、**子育て中はお勤めより起業がオススメ!**

「えーっ?」と思われる方もいるかもしれません。でも、私が出した結論はこれです。

私は第一子が生後半年のときに起業して、今年で四年目になりますが、この想いは未だに全く変わりがありません。

「子育てしながら起業は難しい」と思ってしまう、想定される四つの理由を挙げてみました。

この四つを、私はどうクリアしてきたのか。これを読んでいただくと、「子育てしながら起業、できるかも！」という気持ちになっていただけるかもしれません。

子育てママの起業が難しい理由①　周囲が起業に反対している

対策　自分の起業への本気度を、しっかりと伝える

まずは、**周囲から反対される**ということ。

「起業して成功するかどうか？」の前に、起業することそのものを反対される、というケース。これは「あるある」です。実は、私も経験があります。

私は、夫に「『楽読』のスクールを開校する」と伝えたところ、「ぼくは家を出ていく」と言われました。夫は、私にド厳しい人なので（笑）、きっと軽い気持ちで起業したいと言っているのではないか、と思ったのだろうと思います。

「好きを仕事にする」

惹きの強い魅力的な言葉です。リクルート勤務時、習い事情報媒体の仕事をしている時も、表紙や記事のキャッチにこのフレーズが入っていると部数が伸びていました。

女性の起業って、「好きを仕事にする」ためになされることがしばしばあります。

例えば、お花やパン作りが好きな人が、自宅で教室を開いたり、ヨガにはまった人がそのままヨガインストラクターの資格を取ってスタジオに所属したり出張レッスンしたり。

だから、女性やママさんの起業って、ふわふわして見られたりする。

私の夫もこのパターンでした。

「せっかく正社員になったのに、辞めるの？
そもそも、君みたいなタイプが成功するわけないじゃん。
子どもも生まれたばかりでかわいそう。もっと現実を見たら？」

ひどーい（笑）。

自分のパートナーの収入が不安定になるかも？

そう思ったら止めたくもなりますよね。そういうものだと思います。

その時、私はどうしたか。夫とひざを突き合わせて、じっくり話をしました。話を最後まで聞いた結果、「**わかりました。私の起業に反対するなら、家を出ていってください**」と言ったのです(笑)。ひどい奥さんですね(笑)。

私が、それだけ「**本気**」だったということなのです。

「いつか自分でビジネスをしよう、起業しよう」と思ってたけど、仕事に明け暮れるうちに何年も過ぎてて、気づいたらママさんにもなっていて。

「このままフツーのお母さんになっていくのかな?」って。

もちろんそれがダメなことではないし、それが幸せな人もいると思います。

私の母は、ずっと専業主婦で、家を守ってくれていました。私には姉と妹がいて、父は子育てに協力的なタイプではなく、母が娘三人の子育てをワンオペ育児でやってくれていたんですよね。なので、一日の大半を家庭で過ごしていました。家を出るのは、保育園や習い事の送り迎えと、スーパーへの買出しの時くらい。私から見る母の姿は、いつもどこか窮屈そうでした。

「家族の時間も子育ても楽しく取り組みたい」
「けど、のびのびと自分らしく楽しく生きたい」

ママさんがこう思うのは、わがままですかね？
これを実現させてくれるのが、女性の起業なんじゃないかって思ったんです。

起業した人の半数が一年で廃業する、なんて統計があるのも知ってました。
そうはいっても、私だったら絶対成功する！　って、起業なんて初めての経験なのに、根拠のない自信もありました。

あとリクルートでの経験を通して、多くのスクールビジネスの成功事例と失敗事例を見てきました。

何をしたらうまくいって、何をしたら失敗しやすいのか肌感覚でわかります。

しかも、リクルートで結果が出る営業マンになるために、休日はビジネススクールに通ったりして、ビジネス成功の知見も身につけていました。

「ここまで本気度の高い環境でビジネスを学んできた私なら、子育てに取り組みながらでも絶対できる！」

夫に対して強気に出たのは、未経験のくせに、失敗しない自信があったし、仮にうまくいかなかったとしても、「成功するまでとことん本気でやり抜く」ことを決めていたからだと思います。

（余談ですが、楽読スクール開校者の大半が起業未経験者です。ビジネスの勉強もしたことない人が多いので、私は起業準備と意気込んで色々と学ぶうちに、楽読の中ではか

なりのビジネスマッチョになっていました。笑)

ただ、ここで強調したいのは、**「本気でやり抜くこと」と「子どもの世話をそっちのけで長時間働く」のは別物**だと思っています。

やり方や形を工夫すれば、**子育てしながらの起業は超カンタン**だと思ってましたし、実際に取り組んでる今も、その思いは変わっていません。

むしろ、**子育て中の今だからこそ武器になることが多い**と思っていました。

なぜ、数あるビジネスの中で楽読を選んだのかは、また後に詳しく書きますが、子育てが始まった今こそ起業に向けて動きたいと本気で思っていました。むしろ、ここで動かないとフツーのお母さんになってしまう……。そんな気がして。

(繰り返しますが、それも素晴らしい生き方です。私はそれを選ばなかっただけです)

たとえ夫が家を出て行っても起業する！

それを伝えた結果、夫もはじめは渋々ではありましたが、理解してくれたのです。

周囲の方の理解を得ることは、自分のビジネスを始める上で、とっても大切なことだと思います。周囲の方の理解を得られないまま強引に起業してしまうと、自分が仕事をするたびに嫌な顔をされたりする。これでは、せっかく自分の好きなことで稼いでいこうと思っているのに、もったいないですよね。

なので、周りからの反対を受けた時は、**自分の本気度**を伝えること。最初は多少ぶつかることはあるかもしれませんが、相手の意見も聞き、自分の意見もしっかり伝えていけば、きっとご主人やご家族も理解してくれます。

子育てママの起業が難しい理由②　お金がない

対策　「払ったお金が十倍になって帰ってくるなら？」を前提に考える

次によく聞くお悩みとしては「育児にお金がかかるから、起業のための費用が出せない」というもの。

ここで、私が聞きたくなるのは**「本当にお金はないのか？」ということ**です（笑）。

質問を変えるとしたら**「いま払ったお金が十倍になって返ってくるとしたら、そのお金は払いたいですか？」**ということです。

確かに、起業するにあたっては、お店やスクールの場所を借りたり、有料の講座を受講して学んだり、ということが必要になります。そういったコストは、当然かかってきます。ただ、ここで最も重要なのは「この仕事を絶対に成功させるんだ」、「支払った分、必ず回収するんだ」と決めて取り組めているかどうか、です。

支払ったお金を何倍にもして回収できるなら、やらない理由、なくないですか？（笑）

「お金がないから○○できない」というケースの多くが、実は単なるお金に対するブロックだったり、かけたコスト分、あるいはそれ以上に回収することに対する苦手意識だったりするのでは、と思います。

それが外れれば、実は投資したお金を回収することはカンタンです。お金がないと思うから、お金がなくなる思考や言動が生まれるので。

一方で、現実的に本当に、「一銭もお金がない！　でも起業したい！」という方もいます。こういう場合も、「自分はこの仕事を絶対にやるんだ！　成功するんだ！」という強い意志があれば、実は道は拓けてきます。

というのも、例えばご主人やご家族の協力を得て、子どもを預けてパートに出て資金を稼いだり、あるいは起業する際には事業融資を受けられるケースも多々あります。

いずれにせよ「お金がない」という発想に囚われてしまうと、「パートに出て稼ごう」とか「融資を受けよう、お金を借りよう」という発想が出てきにくくなります。発想を柔軟にすることがポイントです。

子育てママの起業が難しい理由③　時間がない

対策　①家事・育児の時間の中で、周囲をどんどん頼る　②変な時間を使う

子どもがいるから、スケジュール的に仕事まで手が回らない……、というのも、よく聞くお悩みの一つです。

確かに、ママさんは忙しいです。私も四歳の息子を育てているママですから、その気持ちはよーーーくわかります。

朝起きたら、朝ご飯の支度をして、食べさせて、お弁当を作って、保育園にお迎えに行って、夕方は家にいて夕食を作り、寝かし付けしたり……。本当に大変だと思います。

ただ、これは周囲の人、特に家族やご主人の協力が得られていると、案外協力してく

れるのではないかな？　と思ったりします。

実は、**ママさんたちの無意識的な思い込みとして「子育ては母親がやるもの」という意識があったりします。**ありませんか？（笑）

確かに、周囲からの圧力もあるかもしれませんが、ママさん自身がそれに囚われてしまっているケースもあるのではないか、と思います。

「子どもは自分が面倒を見ないと」と思い込んでいると、ご主人が掃除や子どもの世話、家事などを手伝ってくれたりすると、「そうじゃない！」とか「なんでそういうことするの」とか、思ってしまったりするのでは、と思います。

でもそれは、ひょっとしたら、あなたが自分だけで全て完璧にやろうとしているからかもしれません。なので、例えば、**子どもの世話などを積極的にご主人に託してみる、**というのも一つの手です。

子育ては夫婦共同、家族全員でやるもの、という認識を持って、協力を得られる体制を作れたらベスト。

ちなみに、これはお子さんが小さい時ほど移行していきやすいと思います。ぜひ、取り組んでみてください。

また、スケジュールで言うと、私が実際に意識して取り組んでいるのは「**変な時間を使う**」ことです。私の仕事は楽読という速読のスクール運営。つまり、速読のレッスンを受講生さんにするのがメインのお仕事です。

なので、例えば日曜日の朝六時半からとか、平日夜九時半、十時半からなどからレッスンをする、ということをしています。もちろんこれは、楽読のレッスンがＷＥＢでもできるから可能なことではありますが。

個人事業主になれば、家でできる仕事もたくさんあります。子どもや家族が起きる前や寝た後に時間を上手に使うと、もっと自由な時間を生み出すことが可能になるのです。

なので、「子育てが忙しい」「スケジュールが厳しい」という課題については、家族を巻き込むこと、家族が寝ている時間を使うこと、という手段があると思います。

子育てママの起業が難しい理由④　子連れだから質が悪いと思われる

対策　子連れが武器になる状況を作り出す

最後に**「子連れだから、仕事の質が低い」と思われる**パターン。

「この人、子育ての片手間にやっているから、大したことじゃないんじゃない？」と思われることもあります。楽読のレッスンで言えば、「子育て忙しいからレッスンの技術を磨いてないんじゃない？」とか「子どもが騒いで集中できないんじゃない？」とか「子どもが病気になったら、仕事を休むんでしょ？」と思われることもあるかもしれません。

最近はこのあたりの理解度が進んでいる印象がありますが、私が思うに、子育ての片手間にやっている「からこそ」、仕事のクオリティは上がるのです。無制限に残業できる人よりも、**むしろ時間が限られているママさんの方が生産性は高い**、と私は思っています。

働ける時間が短いからこそ、その時間で集中して仕事をしようと取り組むため、高いスキルや創意工夫が発動します。

これは、脳科学者の茂木健一郎さんも自身の著書の中で書いていますが、「タイムプレッシャー法」という、締め切りが迫っていることを意識することで集中力や思考力を高めるノウハウが実際にあります。

言ってしまえば、子育てに取り組むママさんは、常に「タイムプレッシャー法」が効いている中で仕事をしているようなものです。

「長時間働くのが、その人の仕事に対するやる気の表れ」と見なす職場環境もあるかもしれませんが、残念ながら、**日本人の労働生産性は、先進国の中では低い**です。一番遅い時間まで残業しているのに、チーム内で一番売上が低い営業マンがいたら、あなたはどう感じますか？　長い時間働いている割にアウトプットが出せてない、つまり稼げてないんです。なので、ここに合わせてはいけません。

働くママさんには、**限られた時間で最大限の成果を出す、ということを決めてほしい**と思います。

「子どもが騒ぐ」とか「邪魔になる」といったことに関しては、仕事のやり方やビジネスの顧客になるターゲットを絞ることで、武器に変えられる可能性があります。

私は愛知県一宮市という、子育て世代の多く住んでいるエリアで開校しました。たまたま住んでいる場所がそこだった、というのもありますが（笑）。

そこで、スクール内にキッズスペースを作って、子育てママたちを対象に、子どもを連れてレッスンに来てもらう、ということをしていました。

自分の息子が小さい頃は、ひざの上にのせてレッスンすることもありました。インストラクターが子どもと一緒にレッスンしていると、受講生さんたちも自分の子どもを連れてきやすくなりますからね。

でも、**もしママさんが起業をするならば、子どもとの時間を大切にできる、子どもと一緒にいても仕事ができることを条件にして考えてみても良いのでは？**と私は思います。

子どもがいる状態で起業するにあたっては、子どもが病気になったり、熱を出してしまうと仕事を休まなければいけないのでは、という心配もあると思います。でも、実は**「子どもが熱を出したから、仕事を休む」ということ自体が問題なのではありません。**

例えば、仕事の評価が低い状態で急に仕事を休むと言うと「えっ？」となってしまいます。ですが、**普段から質の高い仕事**をしていれば、子どもが熱を出して休むと言っても「普段から頑張ってくれてるもんね、いいから休んで」と言ってもらえる可能性が高くなる、と思いませんか？

実際に私の場合、息子が熱を出してレッスンを休む、となってもクレームになったり、受講生さんから不満を言われたことはこれまで一度もありません。

普段の仕事の質を上げる、ということ以外に私がやっていて、結果的に良かったのは、**SNSで息子のことを発信したり、受講生さんと息子を会わせたりすること。**そうすると、受講生さんも私の息子のことをよく知っている状態になります。なので、「息子が熱を出したので休みます！」と言うと「そばにいてあげて～！」と言ってくれるようになりやすいのです。

楽読の受講生さんは総じて優しい方が多い、というのはありますが、日頃からのお客様とコミュニケーションを密に取ったり、自分の子どもとお客様の接点を増やすことで、比較的認めてもらえやすくなるのでは、と思います。

ただ、ママさん本人がその状況に甘えて「子どもが熱出したんだから、仕方がないでしょ？　休ませてもらって当たり前でしょ？」みたいなトーンでお客様や仕事仲間に接するようなことがあると、非常に感じが悪い（笑）。これは絶対にNGです。

これはあくまで、お客様との関係性と、優しさゆえに認めていただいているだけ。なので、私はお休みした時、ご迷惑をおかけしたお客様にはちょっとしたギフトやお土産を渡したりしています。こうしたちょっとした気遣いが、子どもと一緒に仕事をしやすくするコツだったりもします。

いかがでしょうか。こうしてみると、実は子育てママにとっては、会社に就職するよりも起業する方が、ハードルが低いのでは？　と私は思っています。

どうしても古い体質の会社では、子どもの送り迎えや、急病で休むといったことに対して不寛容なケースもあったり、仕事内容の特性上、子育てとの両立が困難なものも存在すると思います。

一方、起業して自分でビジネスをする場合は、こうした課題は自分次第でクリアできます。だからこそ、実は子育てのママさんほど起業がオススメ、なのです。

伝えたいメッセージ

「子どもがいるから、起業はムリ」は、思い込み！
むしろ、働くママこそ起業がオススメ！

〔頑張らないで成果を出す人になるヒント〕

- 周囲からの反対は「あるある」。熱意を伝えて味方にする努力を！
- 「〇〇がないから」は、固定観念の可能性アリ。できる方法を探ってみましょう。
- 「子どもがいるから起業ができない」ではなく、「子どもがいてもやるには？」を考える。

（頑張らないで成果を出すためのワーク）

・自分がどんな仕事をしたいか、どんな風に社会とつながりたいかを想像しましょう。
・起業をする上でのハードルを書き出し、どうしたらクリアできるか考えてみましょう。
・家事・育児を手伝ってくれそうな人をリストアップしてみましょう。

第2章

成功のコツは「習慣」の力を活用すること

子育て優先のライフスタイルでも稼ぐ方法

二〇二〇年、起業して三年経って初めて、利益額が一千万円を超えました。それまでは、コンスタントに月商で百万円は超えていましたが、年間の利益額で一千万円を超えたのは初めてです。支えてくれる人、世の中に数あるサービスがある中で選んで頂けることに本当に感謝です。

でも、なんでかなと思って分析をしてみたら、実は私、仕事が増えていたんです（笑）。元々やっているのは、愛知県一宮市での『楽読』という速読スクールの運営。それから、楽読のインストラクターを育てるトレーナー業務。二〇二〇年はこれらに加えて、既存のスクールがいかに売り上げをアップさせていくかの運営指導を行うお仕事も増えました。

でも、私は相変わらず週休三日、子育て優先のライフスタイルでお仕事をさせていただいています。言い換えると、**仕事が増えても、働く時間をそこまで増やさずに、しかも売上はアップさせることができた**、ということなのです。

私の仕事の仕方をもう少しだけ詳しく紹介すると、週四日は楽読のインストラクターとして活動。息子の保育園の送りは主に私、迎えは週三日は夫が担当です。夜の時間はできるだけ家にいて、週二日は夜遅い時間帯のＷＥＢレッスンを、週に一日はスクールでの夜レッスンを担当します。夜の時間帯は、週に二日は夫に子どもの面倒を見てもらって出かけることがあるかな、くらい。基本的にはママさんとしてのライフスタイルを貫いています。

こう書くと、「それは、ぴろみんが優秀だからできるんでしょ」とか「周りの人たちに恵まれてるからでしょ」と思われるかもしれません。確かに、夫や家族の協力を得られているという点で言うと、「周りの人に恵まれている」とは言えるかもしれませんが、先ほどもご紹介した通り、うちの夫は最初、私が起業すること、楽読のスクールを開校することに大反対していました（笑）。

ですから、決して最初から積極的に応援してくれていたわけではありません。

また、私がこうして子育て優先のライフスタイルでもお仕事で結果を出せているのは、私が特別優秀だから……というわけではないのです。ただ、**「習慣」の力を最大限に使っている、ということは言えます。**

私は、この本を通じて「習慣」の力がいかに偉大で、いかにパワフルかを皆さんに知っていただきたいのです。特に、仕事で結果を出したいお勤めの方や、個人事業主の方は、習慣の力を味方につけることをぜひオススメします。

でも、なぜ習慣が大切なのか、もう少し言うと、なぜ習慣の力で仕事の成果が変わるのか？　と半信半疑な方も多いのではないかと思います。

でも、**習慣は侮れないすごいパワーを秘めているのです。**

例えば、あなたは歯を磨くときや顔を洗う時、何かものすごく努力したり、モチベーションを上げて取り組みますか？

「絶対に顔を洗うぞ！」とか、毎朝モチベーションを上げて顔を洗う人はたぶん少数派ではないかと思います（笑）。

何が言いたいかと言うと、歯を磨いたり、顔を洗ったりすることは、私たちの中で既に「習慣化」している、ということなのです。

意識して「やろう」と思わなくても、知らず知らずのうちにやってしまうのが習慣です。自分の仕事の売り上げが自然と上がる習慣や、自分の仕事が知らないうちに良くなってしまう習慣が身についていたとしたら、頑張らなくても成功してしまう、ということになります。

なので、仕事で成果を出したい人向けに、どんなことを意識して取り組めばいいのか。ぴろみん流の「習慣を身に着けて、仕事の成果を出す」ために必要なことをご紹介します。

「当たり前」をやり続けると、結果につながる

最初に挙げるのは「**当たり前のことを水準高くやり続ける**」ことです。

例えば、始業時間に遅れず出社するとか、アポの約束を守るとか。クライアントさんに笑顔で挨拶するとか。

一見すると「当たり前じゃないか」と思えることを、いかに水準高く、高いレベルでやり続けられるかどうかが、成功するかどうかのカギにもなります。

例えば、何かの新商品を発売した際。その新商品情報を自分のクライアントだけに伝えるのか、自分の商圏、エリアにいる潜在顧客にまで伝わるように発信するのか。私としては当然、潜在顧客にまで伝わることを意図した情報発信、販売行動をとりますが、それがどれくらいのレベルまで「当たり前」と思えているかどうかが重要です。

例えば、自分でビジネスをやっている方やお勤めの方に聞きたいのですが、「自分のビジネスの売上を上げるためだったり、自分のスキルアップや職場での評価につなげるために、日々コツコツ取り組んでいることはありますか?」と聞かれたら、いくつくらい思いつくでしょうか。二〜三個、あるいは五〜六個くらいという感じでしょうか。

実は私の場合、コツコツ取り組んでいることが二十個以上あります。なので、他の人と話をしていると「それしかしてないの?」と思ってしまうこともあります(笑)。

日々コツコツ取り組むことが五個ある人と、二十個やっている人。どちらが結果に結びつきそうかは、言うまでもありませんよね。

自分が今、「当たり前」にやっていることを、さらに高い水準で当たり前化できると、とても楽です。

取り組み方としては、**現在当たり前にこなしている仕事を、まずは心理的に負荷なくこなせるように整える。**

「よし、やるぞ！」と気合を入れなくても、「やりたくないなあ」と思わずに「ま、当たり前だよね」と歯を磨くようにできるようにするのです。こうすると、やらない方が気持ち悪くなる。そのレベルまで行ったらしめたものです。

これが当たり前にできるようになったら、次はちょっとだけレベルを上げます。今まで、例えば、今までは一日あたり三人の人に「楽読の体験レッスンを受けませんか？」というお誘いのメッセージを送っていたとしたら、それを五人に増やす。**ちょっとだけレベルを上げるというのがポイントです。**これができたら、また少しだけ負荷を上げる。こうして、徐々に「当たり前」のレベルを上げていくことをするのです。

例えて言うなら、熱いお風呂に入ろうとする時に似ているかもしれません。最初は、めちゃくちゃ熱くて、とてもじゃないけど足を入れるのも難しい。でも段々慣れてくると、足だけではなくちゃんと浸かれるようになり、場合によっては「もうちょっとお湯足してみようか」と思ったりする（笑）。

本当かどうかは知りませんが、忍者は麻の苗木を毎日飛び越えるという修行をしていたのだそうです。麻はとても成長が早い植物で、三〜四カ月で三メートルほどに成長するのだそうです。つまり、一日でだいたい三センチくらい程成長する。この麻の苗木も、最初は難なく飛び越えられますが、どんどん成長するから、飛ぶ側もどんどん高く飛べるようになる。

いきなり高く飛ぶことはできなくても、**ちょっとずつの積み重ねが、高い水準の習慣になっていきます。**

自分の機嫌を自分で取る

次に、自分で自分の機嫌を取る、言い換えれば、**常に自分が機嫌よくいられる状態をキープしておく努力をすること、**ということです。

「楽しい、幸せ、笑いが止まらない！」という状態に自分の身を置き続けることが、自分が機嫌よく居続けるためのコツです。

例えば、私が個人的にやるのは**「やたらご褒美をつけること」**です。

「今日はこの仕事をここまでできた！　だからケーキを食べる！」とか。

「今月は頑張ったから、おしゃれフレンチのランチに行く！」とか。

どんなことでも構わないのです。私の場合は、読書する、スタバに行く、ミュージカルを観に行く。あとは、地味かもしれませんが、さけるチーズを食べる（笑）。それから、頑張った日は早く寝る、アロマバスに入る、あるいは重要な仕事がない日は早めに休む……などなど。これらが私にとっての「自分をご機嫌にするための方法」の一部です。

どれだけ、自分の機嫌を損ねないように、上機嫌でいられるか。これがとても重要です。そうすると、どうなるか。当然、仕事が楽しくなります。だから、今まで以上にいい仕事をしよう、もっとお客様に喜んでもらおう、という気持ちになれる。

さらには、**自分の機嫌がいい状態をキープして、いい気分の状態でいる人の所ほど、お金が集まりやすい**。これは不思議に思われるかもしれませんが、例えば、いつも明るく、ニコニコ笑顔で接してくれる人と、いつも何となく元気がなかったり、不愛想だったり、つまらなそうにしている人。もし、この二人から同じ商品が買える、あるいは同じサービスを受けられるとしたら、あなたならどちらの人から購入したいと思うでしょうか。

ほとんどの方は、ニコニコ笑顔の方を選ぶと思います。

「お金」とはエネルギーであり、言い換えれば「感謝」を数字や形にして表現したものです。お金を稼げる人は、複雑なことを全てそぎ落として言えば「それだけお客様を喜ばせることができた人」です。

お客様を喜ばせる手段は、たくさんあります。高品質な商品・サービス、あるいはコストパフォーマンスの高さ。でも、**「その仕事をしている人が楽しそうにしている」**というのも、十分価値になりうるのです。

逆に、この仕事をすると自分の機嫌が悪くなるとわかっているものは、できるだけ避けるのも手です。心のゆとりが失われると、抜け・漏れが発生したり、仕事自体のクオリティが下がってしまう傾向にあります。

「そうは言っても……」と思われた方もいるかもしれませんね。

もちろん、起業一年目から好きな仕事しかしない、というのは振り切りすぎかもしれません。バランスを考える必要もあるでしょう。

でも、「嫌なことをしないとお金にならない、稼げない」と思う必要はありません。

私たちは「頑張らないと、嫌なことをしないと成果は出ない」となぜか思い込んでいる節があります。でも、それは単なる固定観念の可能性が極めて高いです。自分の機嫌を自分で取ってあげることを、大切にしてみてください。

相手の隠れた本心にアプローチする

相手がまだ言っていない、表現していない「隠れた本心」に合わせたコミュニケーションができると、仕事はもちろんですが、人生が大きく変わる、と私は思います。

相手の隠れた本心にアプローチできると、お客様からは「この人、いい仕事するだろうな」という期待をしてもらえたり、「この人、何かスゴイ」と思ってもらえたりする。恋愛シーンであれば「この人からは離れられない」と思われたりするわけです（笑）。

「それができれば、苦労しないよ」という声が聞こえてきそうですが、意識すべきポイントを押さえれば、誰でも相手の隠れた本心にアプローチできるようになります。

まず、**観察力を磨くこと。**相手の動作、しぐさ、表情。どんな服装なのか、どんな表情をしているか、どんな様子かを感じ取ることを意識してみてください。そして、そこから想像力を働かせること。

例えば、いつもは口数の多いAさんが、今日はあまり話していないとします。

さらっと書きましたが、あなたは近くにいる人たちの性格や特徴、くせなどを把握していますか？「いつも口数が多いAさん」と書きましたが、こういったことに意識を向けておかないと、Aさんがいつもより口数が多いのか少ないのか、変化に気付くこともできません。

話を戻して。いつもは口数が多いAさんが、今日はあまり話していないとする。その時に「仕事が忙しくて疲れているのかな」と想像を働かせることができるかどうか。これもポイントです。

あるいは、Bさんの肌が荒れているようだ、と気付いたとします。

Bさんの肌が荒れている↓昨日は寝れていないのかもしれない↓仕事か、プライベートで何かあったのかな？

物事をよく観察して、そこから想像力を働かせること。言い換えると、**仮説を構築する力を鍛える**と、相手の隠れた本心にアプローチできるようになっていきます。

私の場合、過去にこんなことがありました。楽読の体験レッスンに来てくれた方から、矢継ぎ早に質問を受けたのです。「どのくらいの頻度でレッスンを受けるべきですか？」「家でどんなトレーニングをしたら良いですか？」「普段、本を読むときは、どんなことを意識したら良いですか？」などなど。

私は、その方の質問をまず聞いて、「○○さんがお知りになりたいのは、どうしたら楽読レッスンの効果を最大化できるか、ということで合ってますか？」と確認しました。すると、相手の方は「そうです！」と大きく頷きました。なので、そこを重点的に意識して頂いた質問にお答えさせていただきました。
もし、質問だけを聞いていたとしたら、単に自分が「このくらいの頻度で来るのが良いですよ」とか「このくらいの回数参加される方が多いです」といった回答をしていたかもしれません。それはそれで良いのですが、相手のニーズに応えるという意味では、「楽読レッスンの効果を最大化するために」という前提を共有しておいた方が良い。

そういうコミュニケーションを心掛けると「この人はわかってる。ほしい情報をくれる人だ」と思ってくれるようになります。当然、信用もしてもらいやすいし、息の長いお付き合いにもなりやすい。

こういうコミュニケーションができる人は、営業やビジネスシーンにおいては、成約率が上がるでしょう。楽読で言えば、こうしたコミュニケーションを受講生さんと取ることで、「ぴろみんのレッスンは深い」と思ってもらい、全国に二百人近くいるインストラクターの中から選んでもらえることが増えます。さらに言うと、**お客様との信頼関**

係も生まれやすくなるので、高額商品が売れやすくなる、というメリットもあります。

相手の隠れた本心に気付く、そしてそこにアプローチするのは、確かに難しいかもしれません。ただ、トライしていただきたいのは、**相手の表情や声のトーンや間を観察したり、聞いたりすること。**

特に日本人は「話していること」が全てではないケースが多い。言語外の意図を捉えながらコミュニケーションしていくと、「この人からは離れられない！」というレベルまで、お客様をあなたのファンにすることができます。

よく武道の世界では「心技体」みたいなことを言いますが、**実は一番大切なのは「心」、言い換えれば「意識」です。**「技」、つまり心理テクニックや営業トークのスキルだけをいくら身に着けても、自分の心の状態が整っていなければ、上手く行くはずがありません。

まず自分の心を整えて、技術やテクニックを身に着けて、それを駆使して行動する。

これらは全て掛け算になっているのです。だから、技術やテクニックだけ知っていてもダメだし、むやみやたらに行動するのもダメ。かと言って、自分の状態ばかりを大切にして、技術や行動をおろそかにするのも違います。その全てのバランスを取って、自分にとって最高の状態をキープする。これが大切です。

- **当たり前のことを水準高くやり続ける。**
- **自分で自分の機嫌を取る。**
- **相手の隠れた本心にアプローチする。**

この三つのことを習慣化できたら、頑張らなくても知らず知らずのうちに成果が出てしまう、という状態を作ることができます。

習慣は、三カ月〜半年くらいで身に付いていくと言われます。

大切なことは、最初の一～二カ月結果が出なかったとしても、そこでめげないこと。最低でも三カ月、できれば半年やり続ける、と決めて取り組むことが、「習慣化」においては大切じゃないかな、と私は思っています。

伝えたいメッセージ

「やろう」としなくても「やってしまう」のが習慣。売上が自然と上がる、自分の仕事が良くなる習慣を身に付けよう。

頑張らないで成果を出す人になるヒント

- 当たり前のことを水準高くやり続けてみましょう。
- 自分で自分の機嫌を取る意識を持ってみましょう。
- 相手の隠れた本心にアプローチすることを意識しましょう。

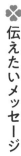

（頑張らないで成果を出すためのワーク）

- 今取り組んでいる「当たり前の仕事」の質を上げてみましょう。
- 月に一～二日、自分の機嫌を取るための日を作ってみましょう。
- 相手の表情や声のトーンを観察し、想像力を働かせてみましょう。

コラム

数あるビジネスモデルの中で、ぴろみんが楽読を選んだ理由

小さな時から、母からたくさんの習い事を経験させてもらいました。習字やそろばんやピアノや水泳、身についてるかどうか分からないですが（母、ごめん。でも感謝してます！）学ぶこと自体は嫌いじゃなかったんです。

社会に出てからは、学ぶことを通して今までできなかったことができるようになる素晴らしさ、自分で自分を成長させる楽しさを実感し、いつか自分も「教育」に携わる仕事がしたい、自分のスクールを持ちたい、と分野は定まってないものの漠然と思っていました。

リクルートで習い事情報媒体の営業マンとして仕事をする中で、たくさんの習い事、学び事があることを知りました。ヨガや音楽教室やダンスや料理教室、

こういった趣味としてのものだけじゃなく、アロマセラピストスクール、司会者養成スクール、ボイストレーナー育成スクール、整体師スクール、ふすま職人養成校、和裁学院……、パッと思いついたものをいくつか書きましたが、世の中に広く認知されていないだけで、転職や起業に繋がる学びが多く存在するのだと知りました。

楽読も、その中の一つでした。

速読の先生って、かなりニッチですよね。楽読は当時の私にとってクライアントの一つであり、当時から受講生としてはお世話になってました。

当時の名古屋校のインストラクターさんから、

「インストラクターになってみない？」

って誘われたんですが、

「ムリムリ！　私、今の仕事好きなんで！」

と秒で断ってましたね（笑）。

でも、数年が過ぎていよいよ「自分がこの会社を卒業してから、どんなことを仕事にしていくか？」そこを考えた時には、「楽読一択」でしたね。

習い事媒体の広告営業っていうお仕事柄、スクールビジネスについてはいろんな情報を持っていましたが、他の選択肢ってあまり浮かばなかったです。

楽読インストラクターになるのには、インストラクター養成コースの受講が必要です。

受講生になった方が楽読のファンになって、「楽読を世の中に広めたい！いろんな人に届けたい！」ってなって始めるか、自分らしく楽しそうに働くインストラクターの姿を見て「こんな風に自分もなりたい！」ってなって始めるかのどちらかです。

実は、私の場合は、このどちらでもなくてですね（汗）。

九つのポイントに整理してお伝えします。

①資格取得の容易さ
②将来性
③運営効率の良さ
④汎用性の高さ
⑤自由度の高さ
⑥利益率の高さ
⑦年齢を重ねてからでもできる
⑧働いている人が魅力的
⑨健全に稼げそう

①資格取得の容易さ

プロになるための学びって、通常は何年かかるんでしょうか？　国家資格だと何年かかるかわかりませんし、大学に入り直さないといけないものもあります。

楽読インストラクターは、当時半年〜一年程度で取得ができる、しかも仕事をしながら学べるというのが魅力でした。受講料も大学に行くような資格に比べたら気軽感があったのも魅力でした。

②将来性

私が楽読のプロを目指したのは二〇一六年でしたが、当時から「人工知能がいつか人の仕事を奪う」っていう話題はあって。機械でできる仕事ではない、人間ではないとできない仕事の需要が高まる、そんな話がありました。

「ということは、人間の脳を活性化するノウハウや手法を持っている楽読、すごい可能性を秘めているんでは？」

将来はますます伸びる市場だと思いました。

③運営効率の良さ

習い事ってレッスンをマンツーマンやるか、グループレッスンでやるか。一人のインストラクターが複数人の受講生さんを対応するグループレッスンは、一般的にはマンツーマンより価値が低いとされ、低料金の価格設定がされます。でも、なんと楽読はグループレッスンの方が受講生さんの満足度が上がりやすくなります。なので、マンツーマンでもグループレッスンでも、同じ料金でスクール運営ができます。

また、一般的な習い事では、初心者さんと上級者さんでクラスを分けたり、学ぶ目的ごとやジャンルによって、クラスを分けたりします。

英語だったら、英語を全く話せない初心者さんとTOEIC900点くらいの人を一緒にはレッスンできません。どちらかに合わせることがどちらかの不満になるからです。

また、海外旅行に行くために英語を学びたい人と、海外赴任に備えてビジネス英会話を学びたい人も一緒にレッスンすることはできません。

なので、レッスンスケジュールを複数組まないといけなくなり、多くの時間、レッスン準備時間を取られます。

なんと楽読の場合ここは一気にクリアされます。

初心者もベテランさんも、速読を身につけて仕事を早くこなしたい人も家事効率をあげたい人も、最大六名まで同時にレッスンができます。なので、在籍中の受講生さん人数によりますが、私の場合レッスンは週に十レッスン（一レッスンは四十五分）のレッスン枠を準備すれば問題ありません。

④汎用性の高さ

楽読は脳トレをベースとした速読メソッドのため、速読が身につく以外にも多彩な付加価値が期待できます。というより、真の魅力はそっちかもしれないです。

私の場合、「頑張らないと成果は出ない、って思い込んでいる人に、もっと楽に結果が出るようになってほしい」という思いから、「速読で仕事力が上がる、本がたくさん読めて勉強効率や情報のインプット速度を上げられる」という、比較的、従来の速読スクールの角度から楽読を受講生さんに提案をさせて頂いています。

でも、人間の脳が活性すること、楽読レッスンを通して脳の使い方のバランスが整うことによって、様々な効果が期待できます。いくつか上げさせて頂きます。

学力の向上、コミュニケーション能力の向上、人間関係の改善、動体視力や運動神経の向上、ストレス耐性の向上、語学学習におけるリスニングスキルの向上、メンタルヘルスの安定、自己肯定感の向上、認知症予防の効果、集中力や記憶力の向上……。

老若男女問わず、どんなターゲットの、どんな目的にも、柔軟に対応できるポテンシャルがあります。一度活性した脳は習慣の固定化が起きるまでレッスンを受けて頂ければ長きにわたって効果が維持されていくのも魅力です。

⑤自由度の高さ

楽読スクール、楽読インストラクターの活動は、兼業が可能です。

全国にすでに存在する楽読スクールを見渡してみると、楽読スクールの併設で様々なビジネスモデルがあり、相乗効果を効かせています。

併設されているものをいくつか紹介していくと、学習塾併設、託児所併設、美容院併設、飲食店併設、宿泊施設併設、ボディケアサロン併設。全国的に多いのが、レンタルスペースとしてもスクールの場所を貸し出しして、小規模のイベントスペースとしても運営しているケースです。また、コーチングをビジネスにしている人や、占いやスピリチュアル系の資格を持っている方が、楽読インストラクターであるケースもあります。

⑥利益率の高さ

ビジネス感度の高い人にとっては、最大の魅力がここかもしれません。習い事というのは、通常テキスト代、例えば料理教室だったら食材費が発生します。しかし、楽読は申し込み時にトレーニングで活用する書籍一冊をお渡しするだけ。レッスンの際に必要なものも、筆記用具や電卓だけ。お出しするのはミネラルウォーターのみなので、経費として掛かってくるのは主に家賃などの場所代だけです。また、受講生さんの受講回数によって用意する教材が変わることもないので、レッスンごとの準備も大きく時間が取られることもありません。

さらに、こんなこと書いていいのか分かりませんが、楽読はフランチャイズモデルの中では破格のロイヤリティの安さです。

楽読はフランチャイズモデルなので、楽読本部と加盟契約をしたあと、毎月発生するロイヤリティがあります。ありますが、他社さんと比較して、大変リーズナブルです。

私も起業して取り組む仕事を楽読に決めるにあたり、全国に数万教室、数千教室展開しているような誰でも名前を知っているような教育ビジネスの加盟者説明会にも足を運びました。月々のロイヤリティの金額をそこと比較したら目が飛び出るような安さです（汗）。

なので、主婦の方が未経験から開校しても、いきなり家賃が高い物件で開校するとか無謀なことさえしなければ、比較的利益を上げやすい構造になっています。

また、売上を上げれば上げるほど利益率が上がっていくため、一カ月で会社員時代の年収のような金額を稼ぐ人も中にはいます。

（私も、新卒で入った会社の年収よりも、多く稼がせて頂いた月がありました）

⑦年齢を重ねてからでもできる

営業マンの仕事は好きでしたが、年齢を重ねてからもできるイメージはなかったですね。体力的・精神的にきついというものありましたが、五十代、六十代になってもできる仕事ではなかったと思います。環境や周囲のせいにするのはダメですが、会社にロールモデルもいませんでした。

一方、楽読って年齢関係ないんですよね。肉体の衰えが仕事に影響するものではないので。強いて言えば、自分の年齢から前後十歳くらいの人が受講生になってくれやすい。年齢を重ねるにつれて、ターゲットになる層の年齢を上げていく工夫は必要かもしれませんが。

私がインストラクターとしてデビューした後、ウェブレッスンまで登場。これを活用すれば、万が一、将来は寝たきりのおばあちゃんになっても口と頭さえ元気であれば、お仕事できそうです（笑）。

⑧働いている人が魅力的

仕事内容は好きだけど、職場の人間関係に悩んでる。そんな経験ありませんか？

楽読の場合、そのようなことはほぼありません。

それは、楽読の「心理的安全性」の高さというか、「みんな違ってみんないい」を体現しているかなり独特な文化形成があると思います。楽読インストラクターになるためのプログラムや、プロデビュー後に能力開発するプログラムは、基本的に人間力向上につながっているのです。

ここは楽読インストラクター養成コースで学び始めてから気づきましたが、人間力のある人でないとプロになれない構造になってます。なのでインストラクターはみんないい人です。

（余談ですが、私は楽読インストラクターに合格するのかなり遅い方でした。人間力向上に時間がかかってたんですよね。汗）

また、受講生さんもレッスンを受ける過程で優しくなっていく、仲良くなりやすい空気感なので、私は開校して四年、受講生さんや保護者さんからクレームもらった経験は一度もありません。

⑨健全に稼げそう

単純に稼ぎたいだけだったら、いろんな選択肢があったかもしれません。フルコミッションの営業マンとか。あと、「スマホで一日二時間でがっぽり稼げる！」みたいなビジネスとか。

そういう仕事で結果を出している人も周囲にはいましたが、個人的にはなんかピンと来なかったんですよね。

なんだか、仕事していて、楽しそうに見えなかったというか……。

楽読の場合、人が働いている姿が輝いて見えたのと、生きる目的や仕事を通してどんな使命に燃えているか？　それを明確に持っている人が多かったですね。

だから、やってみたいって思えたんだと思います。
(というか、それを明確にできていることが、プロになる上で必須になってます。汗)

第3章

元いじめられっ子が「成幸」できた理由

成幸できるのは「優秀」だからじゃない！

ここまで読んできて「それはぴろみんだからできるんでしょ」「自分にはどうせ無理」と思っている方、ひょっとしたらいるかもしれません。

もちろん、私自身に才能というか、ビジネスで上手くいくメンタリティーがあった、のは事実かもしれません。自分でビジネスに取り組むって、時には荒波もあります。なので、それ乗りこなすメンタルは、あるに越したことはないです。

でも、私は昔からこういう性格だった……というわけではありません（笑）。

今でこそ、どちらかと言うと超強気、怖いもの知らずでどんな人とも物怖じせずにお話しできる性格ですが、冒頭でもふれた通り、子どもの頃はずっといじめられっ子でした。

小さな時から喘息を発症し、保育園に入園したものの、友だちと遊んだ記憶はほぼなく、小さい頃は病室のベッドに横たわって、天井を見つめていた記憶しかありません。なので、友だちはほぼゼロ、でした。

小学校、中学校では、友だちはいなくはないけれど、さほど多くはありませんでした。人とあまり接点を持たずに育ってしまったからか、すごく引っ込み思案で、人から何か言われても言い返せず、極端に無口な子でした。だから、周囲からは「キモい」とか「何を言ってるかわからない」とか、言われてきました。

そんな子ですから、いじめの対象にもなりました。無視される、いじわるされるなんてよくあったし、給食の残飯を投げつけられたこともありました（笑）。でも、黙ってじっと耐えてきた。今でこそ笑い話にできますが、振り返ってみると、まあまあな経験だったなと思います。

そんな子ども時代を過ごしたので、それが当時の私の中では当たり前だったんですね。人生は辛いもの、孤独なもの、周りからは否定されるもの、みたいな。

なので、「もう死んでやる」と思ったこともありました。でも、おかげさまで今もこうして命をつないでいる。**こういう「死」を意識したことがある人は、自分が本当にどう生きていきたいかを考えたことがあるのではないか、**と思います。

一度死のうか、と思ったことで、人目を気にして生きる人生が、どれだけつまらないか、意味がないかを私は悟ったのです。

もちろん、いじめられている最中は常に恥ずかしいと思ったり、消えてしまいたいような気持ちになっていました。自分は人からどう見られているか、ばかりを気にしていました。でも、私の場合は、ある時点からそれがどうでもよくなったのです。人目を気にしていても、傷つくだけ。だったら、気にするのをやめる、我が道を突き進む！　と決意できたのです。

そう思えたのは、やはり一度「死」を意識したから。「死」という終わりを迎える前に、自分の好きなことをしたい、自分が生きたいように生きる！　と思えたのです。

「鋼のメンタル」を手に入れる

元いじめられっ子は、実は普通の人よりもストレス耐性が高い、と私は思います。もちろん人にもよるでしょうが。

そう簡単には落ち込まない。私も社会に出て、仕事が大変だったり、頑張りを認めてもらえない経験など、色々ありましたが、「あの頃に比べれば、なんてことないな」と思えたのです。ガツンと叱られるとトイレ駆け込んで泣いてるタイプでしたが、翌日元どおりの気分に戻って出社して、元気に営業に出かけて行くという。

だから、というわけではないのですが、私は表彰をいただけるくらいの成績を出すことができました。今はなき『ケイコとマナブ』という雑誌に、習い事やお稽古事のスクールさんから広告を出していただく営業の仕事をしていたのですが、私の営業手法がマニュアル化されて、新人研修に使われるくらい優秀な成績を収めることができました。

仕事は楽しいけれど、ものすごく多忙で、毎日日付が変わるくらいまで残業をしていました。実は、楽読を始めたのは「仕事が早くなるかも」という期待からでした。

で、バリバリ仕事をしていた時期、ある日、目が覚めると強烈なめまいに襲われたのです。クラクラ、というくらいのものではなく、もうグルングルンするくらい。これはちょっとまずいな、ということで病院に行くと、「メニエール病」と診断されたのです。

メニエール病とは、二十〜三十代の女性がよくかかる病気で、睡眠不足やストレス、季節変動や台風が近づくことによる気圧変化などの影響で症状が出るものです。

社会人になって以来、とにかく頑張って突っ走ってきたのに、頑張ってきた結果がこれ？　と、ショックを受けました。

若くて、体力があるうちは、朝から日付が変わるくらいまで仕事をして成果を出す、というやり方も、ナシではない。でも、体力の衰えもある。メニエール病という病気にもなった。これから結婚して、子どもを育てることも考えたい。こうしたきっかけを経て、働き方を見直そう、と思ったのです。

子育てをしながら、自分の時間を取りながら、長く働いていきたいと思ったら、今のままでは無理。働き方を変えないと、と思ったのです。

体調を崩し、働き方を変えようと思ったタイミングで、「本当に頑張るのが好きだったのか？」という疑問にぶち当たりました。自分を見つめなおした結果、「頑張るのが好きなのではなくて、結果を出すのが好き」「頑張らずに、自分が満足いく成果を出せたら嬉しい」と思っていることに気付いたのです。

頑張らなくても、自分が望む、満足いく成果を出せる世界を創りたい。そう思った時、「楽読なら、その世界が現実化できるのでは？」と思って、インストラクターになろうと思ったのです。

楽読、つまりは速読と、「頑張らなくても成果が出せる世界を創ること」がどうつながるの？　と思う方も多いかもしれませんが、私の中では関係大アリでした。楽読を習得すると、二～七倍のスピードで本が読めるようになります。つまり、**今までは時間をかけて頑張ってきたことが、時間をかけずにピピピっとできるようになる**のです。

これはなぜかというと、やり方を覚えたから、ではなくて、脳の使い方を変えて、処理速度を上げているから。だから、情報を理解するスピードも、伝えるスピードも速くなる。仕事でも、日常生活でも、あるいは経営者さんであれば、事業のスピードが上がる。

実は『ケイコとマナブ』時代から三十個以上の習い事をしてきた経験が私にはあります。もちろん、続けた期間の長短は色々ですが。その中で、今からでも自分がプロになれて、人の人生に素晴らしい影響を与えられて、私の理想である「頑張らなくても成果が出せる世界」の実現に近付きそうなもの、と考えると、楽読一択だったのです。

自分の中の「ねばならない」を手放す

とはいえ、私にも「こうでなければならない」とか「これで本当にうまくいくのかな」といった固定観念というか、考え方のくせみたいなものはありました。例えば、「子どもがいるから、スクールを開校とか、起業をしてはいけない」とか、「自分のやりたいことだけをするのはダメ」とか。

これが大きく変わったのは、リターントゥヒューマンスクール（リターンスクール）を受講してからだと思います。楽読のインストラクターになるためには、リターンスクールの受講が必須。そのために受けたのですが、ここでの学びを通じて、**自分自身が「○○でなければならない」「○○せねばならない」といった想いを持っていることに気付きました。**

でも、その上で最初は「ねばならない」を手放したい、とも思っていませんでした。前の職場には「〇〇でなければならない」「〇〇せねばならない」という強い想いで仕事をし、結果を出している先輩や上司も多かったし、今でも皆さんのことを尊敬しています。

でも、自分の健康を害して、家族との時間を削ってまで仕事をしたいか、成果を出したいかと自分に問うと、私は「ノー」でした。それで、「あ、手放したいと思ってるんだ」と気付けたのだと思います。

私が楽読・一宮駅前スクールのオーナーとして、フランチャイジーとしてではありますが独立・起業したのは三十三歳の時。結婚をして、生後半年の息子がいる状態でのスタートでした。

前にも書きましたが、家族、特に夫は、私の起業に最初から賛成、というわけではありませんでした。でも、その反対があったとしても、私はこの仕事をする！　と決めていました。反対を押し切って、というわけではなく、私自身の決意を淡々と伝えて、理解を深めていったという感じです。

二〇二一年でスクール開校四年目を迎えますが、正直、ものすごく困ったことは一度もありません（笑）。確かに、過去には楽読スクールの売り上げがゼロ、ということもありました。でも、『ケイコとマナブ』でスクールビジネスについて学んできた経験上、売上が上がりやすい時と、どれだけ頑張っても伸びない時期があることを知っています。だから、伸びない時期に頑張っても仕方がない。そういう時は、売上を上げるための取り組みは少しお休みして、他のことをするようにしています。

私が頑張らずに成果を出すことができた要因には、「物事の明るい方を見る」という性格というか、習性が大きかったかもしれません。苦しいこと、悲しいこと、困ること。これは、もちろん私にもあります。人間ですからね（笑）。でも、外からの情報を、脳内で都合よく変換する習性があります。世間一般だとネガティブに捉えられることでも、良い側面もあるよね、と捉えている気がします。

そしてもう一つは、志、というと大げさかもしれませんが、**「現実化したい理想」が明確にある、**ということも大きいと思います。

努力することは美しいことですが、頑張り続けるのは苦しい。そして、本当に「頑張らないと成果は出ない」のか？　と聞きたくなります。

私が考える**「頑張らない」とは、「長時間労働をしない」ことと「嫌なことはしない」**こと。なので、よく「頑張らずに成果を出す」というと「楽して、サボって上手くいく」と勘違いされることがあるのですが、それはちょっと違います。

頑張らずに成果を出せる環境が創れたら、みんなの笑顔が増える。これを実現するために、私は独立・起業したのだと思います。それだけ強い想いがあるから、夫が「家を出ていく」と言っても「どうぞどうぞ」と言えたわけです（笑）。

もし、あなたが起業しようと思っているとしたら、それがどれだけ本気か、自分に確かめてみてください。「みんなが反対するから、やめておこうかな」とか、周りの反応や反対で揺れたり、ぶれる人もいるのではないかな、と思います。

でも、それが悪いわけでもないのです。そこでやめる流れになるのなら、そこまでの決意だったんですね、ということ。厳しいようですが、その程度の決意で起業しても、おそらくうまくは行かないし、長続きもしないでしょう。

ちなみに、私の夫は今でも表立っては私の仕事について賛成とも反対とも言いません。ただ、会社の面談で「うちにはベラボーに稼ぐ妻がいるので、いざとなったら会社を辞めます」と言ったそうなので（笑）、明らかに褒めたり、認めたりはしてくれないものの、評価はしてくれているのかな、と思っています。

伝えたいメッセージ

優秀な人だから、起業して成幸できるわけではない。
その仕事に賭ける想いと情熱、そして切り替えが大切

（頑張らないで成果を出す人になるヒント）

- 自分の想いや情熱にブレーキをかけている原因を探ってみましょう。
- 自分が本当にやりたいこと、人生で実現したいことを意識してみましょう。
- 何になら自分は情熱を燃やせそうか、感じてみましょう。

（頑張らないで成果を出すためのワーク）

・過去を振り返って、自分の好きなことや、熱中したものを思い出してみましょう。
・「もし、何でも許されるとしたら、どうしたい？」と自分に問いかけてみましょう。
・嫌なこと、ネガティブなことの「良い側面、明るい側面」を探してみましょう。

第4章 働くママ、ぴろみんの仕事術

「ドリームキラー」には「ありがとう」で対応

ここまで読み進めてきて下さった皆さんは、「子育てママでも起業できる」「優秀な人でなくても、独立できる」というマインドをご理解いただけたのでは、と思います。それでも、起業して、実際に仕事をしていくには、いくつものハードルがあります。

この章では、ワーキングママである私、私の「仕事術」をテーマに、話を進めていきたいと思います。

これは先にもご紹介しましたが、ご家族や周りの人から起業すること自体を反対される、ということがよくあります。これも繰り返しになりますが、これは「あるある」だと思っておいてください。

人の夢を否定する人、よく「ドリームキラー」なんて言われ方をしますが、「お前にはムリだよ」とか「成功できるわけがない」などと感情的に否定してくる人もいれば、「競合がこれだけいるのに、稼げると思う？」などとロジカルに否定してくる人もいます。

いずれにしても「こちらの夢や理想を否定してくる人」という意味では、あまり差はありません。家族だから、とか、理屈としては正しいから、とかいう理由で、こういった方々の意見は聞いた方が良いと思うこともあるかもしれませんが、**私は基本、ドリームキラーの話を聞く気が全くありません（笑）**。

なぜ、あなたの周りにドリームキラーが出現するのか。これには二つパターンがあるなと思っています。一つ目は、あなたのことを心配してくれているパターン。これは、家族が反対してくる際によくあるパターンです。

もう一つは、嫉妬からくるパターン。普段から仲良くしていたお友だちが、「起業なんて止めときなよ」と言ってきたりする。これは、心配と嫉妬とが入り混じったパターンかもしれません。

逆の立場になれば、普段から仲良くしていた友達が、違う世界に行ってしまうのは不安、さみしい、と思う気持ち、何となくわかりませんか？　例えばですが、マラソン大会で「一緒に走ろうね！」と言ってた友だちが、終盤に差し掛かったら、自分をおいて先に行ってしまってさみしい、みたいな。

こういったドリームキラーからの反対を跳ねのけられるかどうかは、実は自分自身の自己肯定感の高さによります。「自分なら、絶対に成功する」、という根拠のない自信や、強い意志。自分のことが信じられていれば、周りの人がどれだけ反対しようと、自分の信じた道を進めるはずです。

私の場合、自分で書くのもなんですが、非常に自己肯定感が高いです（笑）。いずれは独立・起業することは決めていたので、悩んだとしても一瞬。すぐに「やるしかない」という気持ちになっていました。

とはいえ、最初は楽読のインストラクターになって、すぐスクールを開校するつもりはありませんでした。既存のスクールに所属して、「サポーター」と呼ばれるアルバイト的な立ち位置の働き方をするつもりでした。でも、「いつかは自分でビジネスをしたい」という想いがあり、独立・起業の流れがあったので、「それなら、元々の計画が早まるだけだな」と思って、一宮駅前スクールを開校したのです。

そんな私ですが、先ほども書いたとおり、誰からも反対されなかった、ドリームキラーが全くいなかった、というわけではありません。ただ、ドリームキラーをスルーする方法を無意識に採っていたな、と振り返ると思います。

まず、**否定してきた相手に感謝すること**。

「失敗したらどうするの」「安定した仕事に就いた方が良いよ」と言ってくれる相手の根底にある感情には、感謝して良いと思います。「心配する」ということは、その奥底には愛情が必ずありますから。

私の例で言えば、父親が私の起業に反対したのは、娘を手元に置いておきたい、ビジネスで成功したら、遠くに行ってしまうのでは……という心配だったのでは、と思います。言い換えれば、一緒にいたいと思ってくれているんだな、ということ。

こういう考え方はあまり好きではないのですが、人にはそれぞれ「ステージ」があります。起業前の自分がいたステージと起業後の自分がいるステージは、どちらが上下、優劣ではなく、当然変化するものです。起業しようとしている自分は、次のステージに行こうとしていますが、前のステージにいる家族や友人たちは「戻ってきてよ」とあなたに言うかもしれません。それは、心配や愛情があるからです。

その感情に対しては、素直に「ありがとう」という感謝を送ると良いなと思います。ただ、その**感謝の気持ちと、実際に自分がどう動くか、どう対応するかは別の話です。**心配してくれている、思ってくれていることには感謝して、自分が本当にどうしたいか、にフォーカスして行動することをオススメします。

ここで大切なのが「過剰反応をしないこと」です。ドリームキラーの言葉に対して「私にはできないと思われている」「私の想いを否定された」とか、思ってしまうこともあるでしょう。言ってきた相手が身近な人、家族や仲のいい友人ならなおさらです。

でも、「否定された」と思っていると、必要以上に傷ついてしまいますし、自分のエネルギーも減る。夢ややりたいことがあるのなら、周りの人からの意見に耳を傾けるのではなく、夢や目標に近付くための勉強やスキルアップをした方が良いです。

身近な人から自分の夢に反対された、否定されたら、それに反応するのではなく「ありがとう」という気持ちを持つ。その気持ちを伝えて、そのモードで話を聞く。その上で、行動は持っていかれないこと（笑）。

もちろん、その人の言うことが本当にその通りだ、間違いないと思うならば、そうしても構いません。でも、人の言うことに合わせて生きていく人生は、私としては絶対イヤだなと思っています。

結果を出してしまえば、誰も何も言えなくなる

ドリームキラーをスルーするための二つ目の方法は「関わらないこと」です。自分の夢や、目標を否定したり、反対してくる友人・知人はやんわりとSNSのフォローを外したり、場合によってはブロックする。

皆さんは、自分の気分が良い状態と、良くない状態の時。どちらの方がやる気が出る、言い換えると、モチベーションが上がると思いますか？　私は、自分の気分が良い時の方が、やる気が出て、モチベーションが上がります。ほとんどの方が、そうではないかと思います。これは、脳科学的にも立証されています。

ですから、もしあなたが仕事に対するやる気を高くキープしたいなら、自分の気分を害する言動を取る人とは、できるだけ距離を置いた方が良いのです。SNSでもそうで、

自分の気分が下がる投稿をする人、例えば私の場合は、ネガティブな投稿が多い人は、即フォローを外します（笑）。こちらからも積極的に連絡を取ることはしません。そういう相手から連絡をもらったりしても、返信の頻度を下げて、徐々に距離を置くようにしています。

家族の場合、特に同居している場合は「全く関わらない」というのはかなりハードルが高いと思うので、理解してもらえる努力をすると良いのではないかと思います。ただ、私が感じるのは**「言葉でわからせよう」とするよりも「行動で見せる」方が通じるかも、**ということ。家族の中にドリームキラーがいる場合は、コミュニケーションは取るけれど、必要以上に接触を増やさない、ということもオススメです。

三つ目のポイントは、**最速・最短で結果を出してしまうこと、**です。ドリームキラーがなぜ反対するかと言えば「どうせ失敗する」と思っているから。だから、その根拠を最速・最短で潰してしまおう、ということです（笑）。

最速・最短で結果を出すために、何をすべきか。ぴろみん流のやり方をご紹介しましょう。

まず、**「いつまでに、どうなるか」を先に決めること**です。

ちなみに、この「いつまでに」がめちゃくちゃ重要です。例えば、「来月までに、月収〇万円」と決める。こういう明確な目標があると、行動が変わります。いつまでに、何をすればいいか。どうしたら、その目標に到達できるか、と考えられるからです。それを決めたら、スケジュールに落とし込んでいく。

例えば、「八月にスクールを開校する！」と決めたとします。そうすると、いつまでに開業届を出さなければいけないか、いつまでにスクールの場所を決めて、契約までしておく必要があるか、といった具体的なアクションが見えてきます。それを実現するための行動を決めて、スケジューリングする。目標と期限を決めると、自ずと行動は決まってくるはず、なのです。

また、取り組んでみて、途中経過をチェックすることも大切です。上手く行っているものは続けるし、さらに磨く。逆に上手くいっていないものは、見直したり、止めることも検討する。命の時間は有限です。自分が「違うな」と感じるものは、早めにやめるのが吉です。

「一度始めたら、長く続けないと」という考え方もありますが、**上手く行っていないもの・ことを長く続けることほど無意味なことはありません。**トライアンドエラーを繰り返して、更に良い仕事をしていくことが大切です。

起業した方が良い人、会社勤めが良い人

私自身は、独立・起業して週休三日、子育て優先のライフスタイルで年収一千万を達成でき、本当にありがたい環境で仕事ができているな、と思います。でも、中には独立・起業するより、会社勤めを続けていた方が幸せ、という方もいます。

これは本当に良い悪いではなく、そういうタイプ、というだけのこと。そういう方は勢いだけで独立してしまうと、かえって辛くなることもあります。

なので、自分自身は起業が向いているのか、はたまた会社勤めの方が良いか、チェックができる五つの質問を用意しました。深読みせずに、素直な気持ちで「はい」か「いいえ」、どちらかを選んでみてください。

○独立か？　会社勤めか？　がわかる五つの質問

①毎月、安定した収入がないと不安でしょうがない。
②仕事内容を指示してもらった方が、仕事を進めるのが楽だ。
③自分を磨くための勉強ができる環境がほしい。
④自分をアピールすることは、絶対にしたくない。
⑤「こんなことをしたい」という強い想いはない。

いかがでしょう。この五つのうち、三つ以上「はい」だなあ、という方は、独立・起業するよりも会社勤めのまま働いていた方が今はハッピーかもしれません。一つひとつ、解説していきましょう。

言うまでもないことですが、個人事業主は毎月決まった収入が入ってくるわけではありません。毎月の売り上げから固定費や経費を差し引いて、自分が使えるお金が残る、ということ。ですから、会社から毎月給料が支払われるというのは、実はものすごく素晴らしいことなのです。

私は楽読のスクールを開業して四年ほどになりますが、その中で一番売り上げが高かった月は、約二百六十万円超。では、一番売り上げが低かった月は？　と言えば、「ゼロ」です。つまり、手元に入るお金もゼロ。

自分でビジネスをするとは、そういうことなのです。売り上げが高い時もあれば、ゼロもありうる。安定なんてしません（笑）。一方、会社に勤めていれば、会社全体の業績が多少悪くても、給与は保証されている。もちろん、赤字続きであれば倒産、という可能性もありますけれども。

でも、個人事業主の場合は、儲かっていなければ収入ゼロ、または固定費や経費でマイナスが出るリスクすらあります。会社勤めの場合は、すぐにそういう場面に遭遇する危険性はほぼないでしょう。毎月決まったお金が受け取れる状態にいたい人は、会社員のままでいることをオススメします。

「一人何役もこなす」のが個人事業主

次に、**個人事業主は誰からも仕事の指示がきません。**マストでやるべき仕事もなければ、ノルマがあるわけでもない。手を動かしながら、次の手を考える、頭も動かす。それが個人事業主です。基本的には、自分の仕事に関する全てを自分でこなす。幸い、私にはスクールで、楽読のレッスンをしてくれる仲間がいて、夫が経理関係を全て見てくれていますが、それ以外は全て私が考えます。

例えて言うなら、私がＣＥＯであり、マーケティング担当であり、営業担当でもあり、総務担当でもあるわけです。当然、誰かが指示を出してくれるわけではありません。自分で考え、自分で戦略を立てて、自分で実行するわけです。

会社員の場合は、そんなことはありません。自分が任された範囲の仕事をすれば、基本はオッケー。給料もいただける。これはハッピーなことです。ですから、仕事の内容について、指示してもらった方がやりやすい人は、会社員をオススメします。

上司や先輩から指示されるのも大変だよ……という方もいるかもしれませんが、逆に、個人事業主になると、指示や注意をしてくれる人が誰もいなくなります。つまり、良くない仕事の仕方をしていても、誰も教えてくれない。ダメなやり方を延々と続けてしまう可能性すら秘めています。

上司や先輩からのダメ出しで心を痛めている方もいるかもですが、「良いか悪いかを自分で判断するしかない」のと、どちらが良いかを判断する必要があるかもしれません。

また、良い会社だと、会社が研修や勉強会を設定して、受講させてくれることもあります。「研修なんてかったるい」と思うかもしれませんが、個人でそういう研修や勉強をしようとすると、平気で数万〜数十万円かかります。それをタダで受けさせてくれる。しかも給料ももらいながら！ **私は「お金をもらいながら学べるなんて、天国じゃな**

いっすか」と思ってしまいます（笑）。

次に、個人事業主として仕事をしていく上では「自己アピール」は必須です。独立・起業した時点では、当たり前ですが、お仕事はゼロ。自分の商品を買ってもらったり、サービスを受けてくれるお客さんを自分で見つける必要があるのです。

会社に勤めていると、自然と仕事があるから気付きにくいかもしれませんが、実は仕事があるってありがたいこと、なのです。

個人事業主の場合は、自分で自分の良さ、特徴をアピールして、仕事を取りに行くことがどうしても必要になってくる。「自分を売り込んでお金をもらうのは恥ずかしい」などと、売り込むことを過剰に嫌がる人がいますが、それではなかなか個人事業主としてビジネスを成立させていくのは難しいと思います。

ですから、**自己アピールが苦手、絶対にしたくないという人は、独立・起業はしない**

方が良いと思います。

一方、自己アピールが苦手であっても、独立・起業した方が良いケースもあります。「こういう社会を創るために、自分のサービスを広く知ってほしい」とか「みんなにこれを知ってほしい」という、強い想いがある場合です。

「〇〇のためになら、辛いことも楽しく受け止められる！」という強い想いがあれば、個人事業主としてやっていけます。得意・不得意はさほど重要ではありません。その思いに共感する仲間や顧客が必ず現れますし、自己アピールは、やっていくうちにできるようになりますから。むしろ、「この仕事を通じて、何かを実現したい、誰かに何かを伝えたい」という強い想いの方が大切です。

週休三日で年収一千万、子育て優先のライフスタイルで楽しく、遊ぶように仕事をしている私のこと見て、「楽読のインストラクターって楽に稼げそう」と思われることも少なくないです。私はめちゃ楽しいですが、はっきり言って、大変なこともたくさんあります（笑）。

繰り返し書きますが私の場合、「頑張らなくても成果が出せる世界を創る」という強い想いがあります。それを実現するためには、楽読をたくさんの人に知ってもらうことが必要。だから、辛いことも楽しく乗り切れるのです。

強い想い、言い換えれば「志」や「ミッション」が明確で、この仕事をすることで現実化できる、という想いがあるならば、独立・起業するのが良いかもしれません。一方、何か辛いこと、大変なこと、トラブルがあったら嫌になっちゃやそう……という方は、無理に起業せず、会社員のまま生きていくのが良いのではと思います。やるとしても、会社員としての立場はそのままに、副業での起業をオススメしたいです。

起業するのも、会社に勤めて働くのも、どちらも素晴らしい働き方だ、と私は感じています。どちらが自分の性格やライフスタイルに合うかを判断して、選択するのが良いと思います。

「結果を出す人」は、こんな人

どうやら、自分の性格やライフスタイル的に起業した方が良さそうだとわかった。家族からも協力も得られそう。でも、そうは言っても子育てママが起業して稼ぐのって、大変じゃない？　という不安を持つ方もいると思います。

起業しても、稼げなくて赤字が出るのは嫌だなあ……、失敗したらどうしよう……というのは、誰しもが持つ心配だと思います。なので、私が考える「結果を出す人の特徴」についてご紹介します。

まずは、**人と同じことをやらないこと。**人と同じこと、同じ成功パターンに進もうとすると、どこかで行き詰まったり、似たような人と競争をすることになってしまいます。なので、誰もやってないようなこと、人と違うことをする、というのはオススメです。

例えば私の場合、夜の十時、十一時から、ウェブでの楽読レッスンを開催しています。これは、息子が寝た後の時間を有効利用するという意味合いもありますが、日中は忙しくてレッスンが受けられない……という方々や、海外に住んでいる方向けに行っています。他のインストラクターさんはあまりこの時間にレッスンを開催していないので、この枠は結構人気だったりします。これが「ほかの人がやってないことをする」ということです。

ただ、こうは書きましたが、ここに取り組む上で三つ、抑えた方がいいポイントがあります。一つは、**「慣れるまでは、できている人のまねをした方が良い」**ということ。

起業して間もなく、初心者のうちは、できている人のやり方を徹底的にパクるのがオススメです。基本、基礎がわかっていないのに、オリジナリティで勝負しようとしても、たいてい上手くいきません（笑）。最初のうちは、できている人のまねをする。慣れてきたら、誰もやっていないこと、人とは違うことをする。これが良いと思います。

二つ目は、**「需要があるかどうかを考える」**こと。誰もやってないことだったとしても、そこにお客様からの需要がなければ意味がありません。誰もやってないことには理由があります。コワイのは、需要がないから他にやってる人がいないケースです。お客様が求めている、あるいは、お客様自身も気付かないニーズがある。でも、誰もそこにアプローチしていない。そういう分野を探すのがオススメです。

三つ目、**「鬼の継続力」**です。敢えて「鬼の」と入れています（笑）。ここぞ！というポイントを発見したら、とにかく続けること。継続すること。これが大切です。大きくなくても、無理ない範囲でも構わないので、コツコツ続けること。現在の私の場合は、ＹｏｕＴｕｂｅがそれです。

例えば、新しく何か素晴らしいことを学んだとしても、やり続けて習慣化しないと、意味がありません。よく、セミナーや勉強会に参加して、数日間だけ熱量高く取り組むけれど、しばらくするとやらなくなる、なーんて「あるある」だと思いますが、これではもったいない。むしろ、いかに労力少なく、無理なく続けるか。そして、止めないか。こちらの方を大切にしてほしいと思います。

「鬼の継続力」については、楽読の創業者、「ナナちゃん」こと平井ナナエのエピソードが大好きなので、ぜひ紹介させてください。

ナナちゃんは三人の子どもを連れて家を出て、自分一人で子どもを育てることを決めます。そこでビジネスを始めるわけですが、「一日五分」だけ、仕事のための勉強に充てると決めたのです。一日のうち、たった五分。でも、子どもの世話等々あって、それが限界だった。ただ、その五分間だけは集中して取り組んだのです。

結果どうなったかと言うと、一年後には年収二千万稼ぎだすところまで行ったそうです。もちろん、ナナちゃんが選んだビジネスや、彼女自身の人間性、才能もありますが、コツコツやり続けることのすごさを感じられるエピソードだと思います。

最後にこれをやっていると絶対成幸しないマインドをお伝えします。

「人のせい、環境のせいにすること」です。ビジネスをしていく上では、一般的に見ると「ネガティブなこと」が起こることはあります。例えば、売上が安定しなかったり、クレームが来たり。

そういう時に、心のどこかで「景気が悪いから、人が少ないから」とか「こんなことを言ってくるあの人が悪い」とか、人のせい、環境のせいにしてしまうことがあるのでは？　と思います。

でも、**見つめるべきは自分自身。**こういう環境下で、自分に何ができるか、何をするか？　を考えることが成幸の秘訣です。

成幸する人は、「全て自分が作り出している、自分に責任がある」と捉えて行動します。楽読では「自責で捉える」という言い方をしたりします。この「自責で捉える」ことができる人は、ビジネスでも成幸します。

ビジネスにおいては「打ち出の小槌」的、これさえやれば上手く行く、みたいなものはありません。小さなことをコツコツ積み重ねて、今自分にできることは何か？　と探してトライし続けること。これしかありません。

逆に言えば、それができれば子育てママさんでも、年収一千万くらいまでは確実に到達できます。

ファンを作り、ビジネスにつなげるための「ストーリー」

皆さんは「ストーリー」を持っているでしょうか。

「唐突にそんなこと言われても……」という感じかもしれませんが、ビジネス、特に個人事業主として働いていく上では、ストーリーは欠かせないキーワードだな私は思います。

ここで言うストーリーとは何かというと、**「なぜ自分がこの仕事をしているのか、このビジネスを展開しているのか」をわかりやすく伝えるためのもの**です。

私の場合、何度も書いていますが、会社員時代に頑張りすぎてメニエール病になりました。それで、「仕事は好き。でも、このままの働き方はもう無理」と思って、個人事業主になりました。そして「頑張るのは決して嫌いじゃないけど、頑張りすぎて体調を崩すのは嫌だ」「子どもは大切だけど、仕事も好きだから続けたい」「楽しく仕事をして、稼ぎたい」という方は必ずいるはず。

ですから、私は自分の過去の体験談をお話して「頑張らなくても成果が出せる世界を創りたいんだ！」とお話しています。そうすると、そのストーリーに共感して、「自分もそうしたい！」という方が集まってくれる。こういう方が、私のファンになってくださるわけです。

ファン作りのために大切なことは、自己開示です。自分がどういう人間か、どんな傷を負ってきたかを話すと、聞き手の共感を得られます。そして、頑張らなくても成功できる世界を創るためには、「頑張らなくても成果が出る」ことを体感してもらうのが一番。そのために、楽読というビジネスを展開している、というのは一貫性がありますよね。

だから、私は「週休三日で年収一千万、子育て優先のライフスタイルで楽しく働いています」というメッセージを発信するのです。これがもし、単に私が「楽して儲ける」ことだけを目的としていたら、聞き手の受け取り方は大きく違っているはずです。表向き、やっていることが同じであっても、**根底にどんな想いがあるかで、起こる出来事や結果は全く違ってきます。**

誰に、何を伝えたいのか。そして、どんな人に喜んでほしいのか。この意識を持って自分の仕事を見直すだけで、発信力やメッセージの伝わり方は大きく変わるはずです。そこに、自分のストーリーを重ねていくんです。

この一貫性があると、自然とファンが増え、商品やサービスも売れるようになります。まずは、自分のファンを集めること。そして、ファンの皆さんが「この人からなら、この商品を買いたい、このサービスを受けたい」と思ってもらえるようにするのです。

ただ、いくらあなたが素晴らしい人で、ファンがたくさんいても、商品やサービスがないと、商売になりません。逆に、商品やサービスがあっても、買ってくれる人がいなければ、これまたビジネスにはならない。もう一つ言えば、ファンもいて、商品やサービスがもっても、「なぜあなたがこの商品・サービスを手掛けているか」の一貫性がないと、これもうまくいきません。

「商品・サービスを作る」と言っても、難しく考える必要はありません。私の場合は、『楽読』という速読を商品として選びました。楽しく、楽に速く本が読めるようになることで、頑張らずにビジネスで成果を出せるようになることに加え、楽読のレッスンを受けることで「楽しく、楽に成果を出して良い」、「自分好きなことに挑戦して良い」と気付いていていただくには、絶好のツールだったからです。

「起業したい！」もしくは「自分でビジネスをしたい！」という方は、もちろん自分で商品を作れればいいと思いますが、もし特になければ、私と同じように、何かフランチャイジーでビジネスを始めても良いでしょうし、資格を取って、その資格を使ってビジネスをするということもアリだと思います。

繰り返しになりますが、自分がなぜそのビジネスをするに至ったかの経緯や、自分がどんな人間なのかのストーリーを語れると、ファンができて、ビジネスがしやすくなる。

これが、これからの個人事業主には絶対必要な観点かなと思っています。

起業前に抑えておきたいポイント

まとめとして、私が考える「独立・起業する際に気を付けるべきポイント」をご紹介したいと思います。

一つ目は、**初期投資と毎月の固定費を確認すること。**ビジネスを始める際、「最初にいくらかかるか」は皆さん意識しますよね。でも、毎月かかる固定費も、きちんとチェックしておくべき項目です。

お勤めをしていると意識が向きにくいのですが、ビジネスを継続していくためには、毎月決まったお金（固定費）が出ていきます。

私のビジネスを例に取れば、スクールの家賃、光熱費はもちろん、楽読本部に支払うロイヤリティ等々、毎月確実に出ていくお金があります。これは、売上が上がっていようと、上がっていまいと関係なく減っていきます。ここを意識するのが大きなポイントです。

リクルート時代のクライアントを思い返してみても、ビジネスで苦労している人はたいてい、固定費が高すぎて苦戦していた印象があります。もちろん、自分の理想のスクールやサロンを創りたい！　という気持ちはわかりますが、「毎月の固定費がペイできるか？」という観点は確実に持っていただきたいと思います。

次に、**毎月コンスタントに売り上げを作れるかどうかを確認すること。**売り上げは、販売単価×販売数量×リピート率、という方程式で計算することができます。

自分が展開しようとしている商品・サービスの単価が低いならば、販売数量を上げて売上を上げる必要があるでしょうし、単価が高ければ数量が少なくても売上は上がりますが、高額商品・サービスを売るためにはそれなりの工夫やノウハウも必要になるかもしれません。

あるいは、最近流行りの「サブスク」を導入するというやり方もあります。毎月売上が積み上がっていくサブスクの場合は、いつまでにどのくらいの売上が積み上がるか、どの程度の期間の利用継続が見込めるかも計算しておく必要もあるでしょう。

さらに、未来を見据える意識も必要です、今は競合も少なくて、楽々ビジネスを展開できるとしても、数年後には過当競争の真っただ中で勝負しなくてはならない状況になっている可能性はないか。あるいは、数年後にはそのビジネスが全く価値を持たなくなる、というケースもあります。

わかりやすいのが、ポケベルやＰＨＳを取り扱っていた代理店さん。数年前まではまだポケベルやＰＨＳのニーズも多少ありましたが、今では完全にスマホに駆逐されました。「今流行っているから、儲かっているから、この先も大丈夫」と思ってしまうのは、極めて危険。未来や、時流を読む力を身に付ける努力をしましょう。

とはいえ、今流行っているビジネスは絶対にやるべきではない、という意味でもありません。状況が変わった時に、その変化に対応できるかどうか。こちらの方がより大切です。状況が変わるかもしれない、ということを頭に置いておいて、変わった時に対応できるように準備しておく。それくらいの意識でいれば、どんなビジネスを始めても成幸するでしょう（笑）。

起業するとは「下りのエスカレーターに乗る」みたいなもの

私自身は、独立・起業して本当に良かった、と心から思っています。独立・起業していなければ、週休三日で年収一千万、子育て優先のライフスタイルで、こんなに楽しく仕事を続けられたとは思えないからです。

ただし、間違いなく言えることは、**起業とは、下りのエスカレーターに乗るようなものだということ。**会社員時代は、仕事をした分（あるいは、仕事をしなかったとしても）入ってきていた給料があった。でもそれはなくなり、初期投資のお金や毎月の固定費、はたまた生活費などは減っていく。

起業とはある意味、下りのエスカレーターをどれだけのスピードで駆け上がり続けられるか。これを考えた方が良いと私は思っています。それが「苦しそうだな、大変そうだな、楽しめそうにないな……」という方は、会社員のままの方が絶対に幸せ、だと思います。

ちょっと辛口、厳しめのことを書きますが、安易な思い付きや、今の仕事が辛いから、会社に行きたくないから……といった現状から逃げるために独立・起業をしたいと思うならば、絶対に止めた方が良いです。

「自分が楽をしたい」「楽してお金儲けしたい」という人から商品を買いたい、サービスを受けたいという人がいるでしょうか？　あなたなら、どうですか？

逆に、自分が手掛けようとしている商品やサービスが大好きで、みんなに伝えたい。あるいは、自分のビジネスを通じて、困っている人に貢献したい！　という方は、むしろ起業した方が良いと思います。誰しも、そういう人から商品を買いたいし、そういう人のサービスを受けたいと思っているはずですから。

伝えたいメッセージ

個人事業主は「楽して稼げる」わけじゃない。
「志」と、それを語る「ストーリー」が大切。

（頑張らないで成果を出す人になるヒント）

・どうして独立・起業したいと思っているのかを振り返ってみましょう。
・自分は起業向きか、会社勤め向きか？　を分析してみましょう。
・全て自分自身が創り出している、と思えているかを意識してみましょう。

〈頑張らないで成果を出すためのワーク〉

- 独立・起業に反対してきた人に、感謝してみましょう。
- 売り上げを上げるために、コツコツ続けられそうなことを探してみましょう。
- 自分がやろうとしているビジネスの初期費用や固定費、将来性を分析しましょう。

第5章

ぴろみん流・仕事と家庭の両立術

ワーキングママにとって、時間は命

この本では何度もご紹介していますが、私は働きながら子育てをしている、いわゆる「ワーキングママ」です。保育園への送り迎えなどがあるため、どうしても、早めに出社したり、予定にない残業をしたり、ということができません。

私のようなワーキングママにとっては、時間＝命。**仕事をする上で、命の時間は有限、限られた時間内で、最大限の成果を出す、ということを常に念頭に置いています。**仕事も大切ですが、家族との時間や、自分の時間、ゆとりの時間も同じくらい大切なもの。こういった時間を犠牲にして仕事をするのは、決して良いことではない、と私は考えています。

例えば、自分が成長するため、仕事の幅を広げるため、あるいは、今やっている仕事をさらに深堀りするためには、学ぶことも必要ですし、資格を取得する、ということも必要になるケースがあると思います。こうした際、仕事に忙殺されている状態だと、どうしても「落ち着いたらやろう」という発想になります。こういう考え方をしている方は、厳しいことを言うようですが、一生新しいことは始められません（笑）。

また、子どもとの時間や、自分を労わったり、気分良く過ごす時間がない、あるいは少ないと、どうしても仕事のパフォーマンスも下がります。ですから、自分の時間をキープすることは、仕事のクオリティを上げる、あるいは維持するためにどうしても必要だと私は考えています。

こう考えた時、仕事上「関わってはいけない」と私が考えている人がいます。一言で言えば、「時間ドロボーさん」です。相手には自覚がなくても、こちら側としては時間を奪われてしまっている、ということが、仕事をしているとあります。ひょっとしたら、皆さんは知らないうちに、こうした方々に自分の時間を奪われてしまっているかもしれません。

ワーキングママの皆さんにとっては特に、時間はとても大切なもの。そういう観点から、仕事上、こういう人とは距離を置いた方が良いかも、と私が考えている人をご紹介します。

まず、**電話をかけてくることが多い人。**他の仕事や打ち合わせ、子どもとの時間など、他のことをしているのに、電話がかかってくると強制的に手を止めさせられる。取らなかったら取らなかったで「折り返しした方が良いのか？」と考えたりする。

私は基本、ビジネスにおいて電話を使いません。自分が話せるタイミングと、相手が話せるタイミングを合わせなければならないので、生産性が低いと考えるからです。また、メールやメッセージアプリと違って、やり取りの履歴が残らないのもマイナス要因です。

なので、「電話を積極的にかける」という仕事の仕方をチョイスしている人は、ぴろみん的にNG。今まで一緒に仕事をしてきた人たちを振り返ってみても、電話が多い人で仕事がめちゃ早いとか、良い仕事するな〜、と思う人は極めてまれです。

私は最初に「電話よりも、メールやメッセージの方が返信早いですよ」というお話をするようにしています。また、電話がかかってきたら「電話は取れないんですけど、メールならやり取りできます」とメールで返したりもします。つまり、とにかく電話は取らない、を徹底しています。

メールやメッセージでやり取りが長くなって、「電話で話した方が早い」と電話をかけてくる人も、私はちょっと苦手です。「こちらはメールで構わないんだけど」と思っているので（笑）。自分の価値観や都合を押し付けてくる人なのかな〜、と思って見てしまいます。

もちろん、事前に「○月○日、○時から十分くらい、電話で打ち合わせできますか？」みたいなアポ取りが事前にあるなら、全然オッケーなのですが。

ちょっと辛口なことを書きますが、これだけ私が「電話はＮＧ」というメッセージを出しているのに、なおかつ電話をかけてくる人、というのは、よほど相手の気持ちを察することができない人、配慮がない人、ということになります。あるいは、メールやメッセージアプリを使いこなせない、テクノロジーの変化についていけていない人。いずれにせよ、そういう人と仕事をするのは、避けた方が良いなと判断してしまいます。何度も書きますが、命の時間は有限です。限られた時間を効率的に使うために、一緒に仕事をするのは避けた方が良い、と思います。

もう一つは**「やるやる詐欺」の人。**「この仕事、やっときます！」と言って、やらない。忘れているのか、やるとは言ったものの、本当はやりたくないのか。いずれにせよ、距離を取った方が良いと思います。

楽読の体験レッスンに来られた方でも、まれにいますね。「今忙しいので、来月になったら始めます！」という人は、たいていやらない（笑）。「近いうちに起業します！」と周りに宣言して回っている人も、起業しないことが意外に多い。本当に起業する人は、既に始めているか、具体的な時期を決めてもう準備に入っていることがほとんどです。

なぜ、私がこういう方を避けるかと言うと、接触頻度だけ無駄に増えることが多いからです。「来月から楽読始めます」の人を例に取ると、メールなどでやたらと質問だけはしてくる人がいたりします。もちろん、丁寧に返信しますが、たいてい次の月になっても音沙汰がない。

「起業します」の人もそうで、相談したいことがあると連絡くれたり、アドバイスは求めてくる割に、具体的な行動に起こさないことがけっこうある。

「やるやる詐欺」の人は、基本的に相手を尊重できていないことが多いように感じます。こういう方と仕事をしていると、無駄にエネルギーや時間を奪われることになりやすいので、避けることをオススメします。

同じようなタイプに**「クレクレモード」の人**もいます。異業種交流会などで名刺交換をして、いきなり「こういう人を紹介してほしいんです」と言ってくるような人。初対面のあなたに、誰を紹介できるのか、と思ってしまいます（笑）。

あるいは、ミーティングをしていて、何か仕事が発生したとします。そんな時、「青山さん、やってくれないかな」と期待する空気を漂わせる人。**共通しているのは、自分の時間や労力は減らさずに、相手からもらおうとしているスタンス**です。これは、いただけません。

このタイプの方々の多くは、自分が「クレクレ」になっていることに無自覚です。自覚があって、相手に対する感謝の気持ちがあれば、いずれ何かの形でお返ししてくれようとします。でも、こういう方はそういう自覚がないので、「お返ししよう」とも思わない。

もう少し踏み込んでいうと、「クレクレ」と言う人は、自分が持っていないから「クレクレ」と言うのです。つまり、持っていない人に情報や労力を出してほしいと言っても、返ってくる見込みは薄い。なので、私はできるだけ関わらないようにしています。

ワーキングママ最大の難関、仕事と家事の両立

ワーキングママにとって、仕事と家事を両立させることは、とても大きな課題だと思います。

といいつつ、**実は私の場合は、「家事はやらなくて良い」派です**（笑）。料理、洗濯、掃除などなど、好きならばやったら良いと思いますが、私はやらなくて良い、もっというと「やらない方が良い」とすら思っています。

私がどれくらい家事をやらないか、というと、ほぼやりません（笑）。**料理、洗濯、掃除、週に一回もしてしません。ゴミ捨ても、結婚してからはほぼ行ってません。**何をしているかといえば、子育て、具体的には保育園への送り迎えや、ご飯を食べさせたり、といったことだけです。

私が家事をしない理由。それは「時間がもったいないと感じるから」です。料理でいえば、献立を考えて、スーパーで買い物をして、作って、準備して、食べて、片づけをして。食事だけで、前後に膨大な時間を費やしてしまう。

繰り返し書きますが、それが好きで、料理をするのが楽しくてしょうがない、という方は、むしろやった方が良いと思います。でも私は、別に料理が好きでもないので、やりません。

例えば、これが八人家族とかだったら、お惣菜を大量に買うと出費がかさむといったデメリットがあるかもですが、我が家は夫と私と四歳の息子の三人家族。しかも、夫は帰宅時間が遅く、その時間まで四歳の息子の夕食を待てるかと言えば、無理。なので、基本は私と息子が先に夕食を済ませることがほとんど。となると、外食した方が時間的にも、手間的にも、出費的にもコスパが良い、と私は思っています。

ちなみに夫は、自分で食べたいものを自由に選ぶ方が良い、という性格。結婚当初は「気を遣って言ってくれてるのかな」と思って、頑張って食事を用意したりしたこともありましたが、本当に自分でその時に食べたいものを選ぶ方が良いんだ、とわかって、やめました（笑）。

掃除、洗濯について言えば、家事代行サービスを頼むのが良い、と思っています。ちなみに我が家は、夫がきれい好きな人なので、掃除・洗濯は夫が週末にまとめてやってくれています。本当にありがたいです。

こう聞くと「母親失格！」とか「家庭崩壊じゃん」と思う方もいるかもしれませんね。実際、面と向かってそういうことを言われたこともありました（笑）。ただ、「家事は女がやるべきもの」という固定観念に囚われてませんか？　と聞きたくはなります。

私は今年で三十八歳になりますが、私や夫の世代は、まだ母親が専業主婦で、家事や育児を一手に引き受けていた方も多いと思います。そういうお母さんの姿を見て、「母親は家事や育児をするもの」という思い込みを持ってしまっている方も多いと思います。

実は、**「家事をやらない」と決めるのは、最終的に自分との闘いにもなってきます。**周りの人たちは、色々なことを言ってきます。友だちや、自分の親もそうだし、パートナーの親もそうでしょう。でも、そういう「昭和の正しいお母さん像」みたいな固定観念を持った人たちからの声を、どうスルーするかは、自分次第です。

また、夫や周りが「良いよ」と言ってくれているのに、自分自身が罪悪感を持ってしまうことあります。「家事を全然しない自分は、ダメな母親だ」、と勝手に思ってしまったり。でも、本当にそうでしょうか。

私は、**出産という壮絶なイベントを経験し、いつも子どものことを気にかけて、子育てをしている時点で、母親は既に偉大な存在だと思っています。**

私は、家事をやらないことに罪悪感はありません。ただ、こういう妻を受け入れ、洗濯や掃除をしてくれる夫にはとても感謝しています。

夫に家事や子育てに協力してもらうコツ

基本的に、私の夫は家事や子育てに協力的だと思います。ひょっとしたら、この本を読んでくださっている皆さんの中には「夫が家事を手伝ってくれない」、「手伝ってくれているつもりでも、頻度が少ない、クオリティが低すぎる」といった悩みを持っている方もいるかもしれません。

男性が家事や子育てに協力的ではない理由の一つに、「家事は女性がやるもの」という固定観念がある、という可能性があります。私の夫も、元々は一人暮らしの経験があるわけでもなく、比較的「家事は女性の仕事」という認識があったように感じます。では、なぜ、今は家事に協力的になったのか。その取り組みをご紹介します。

まずは、**家事・子育ては女性がやるもの、という男性の固定観念をブレイクする**ことが一番の近道です。手っ取り早いのは、夫よりも自分が稼いでしまうこと、です。

私の夫は会社勤めの事務職。一方、私は結婚当初は営業職で、そこそこ結果も出していたので、収入も高かったのです。楽読のスクール運営を始めてからも、月商百万円を大きく下回ることはそんなにないので、収入面で私が上回っている状況が続いています。

なので、一般的な「夫はお金を稼いで、妻が家を守る」という概念が壊れているわけです。「夫を立てるために、自分は稼いでいないふりをする」という考えもあるかもしれません。それも否定はしませんが、自分の方が収入が高い場合、サラッとばらしておくと先々のコミュニケーションは楽になるかもしれません。

自分は夫よりも収入が高いわけではない、でも、夫にもっと家事を手伝ってほしいというケースもあるでしょう。この場合は**「女性だから家事をがんばる」という概念をブレイクするのがオススメ**です。

「家事をがんばってるけど、仕事も忙しくて大変で」とか「最近仕事がハードで、すぐ疲れちゃう」など、大変、しんどいならアピールをした方が良い、と私は思います。ここでつい、グッと我慢してしまうママさんが多い印象があります。

口だけで言っても伝わらない、というケースも多々あります。そういう時は、自分と夫が**どれだけ家事・育児に時間を使っているかを比較するグラフや表を作ってみる**のがオススメです。口で言っても伝わらないけれど、資料や表にして見える化するだけで、相手にパッと伝わることがあります。そういった人の特性も意識したコミュニケーションを取ると、スムーズに話が進むかもしれません。

イクメンパパ育成には、子どもを味方にしよう

パパは帰宅が遅くて、朝も早く出かけて、しかも休日出勤までする、という場合、自ずと子どもとパパの接触頻度が下がります。そうなればなるほど、「パパは嫌、ママが良い」となります。小さなお子さんだと、極端な話、パパを見て「誰？」ということもなくはない（笑）。こうなると、パパも子育てに積極的にはなりにくいでしょう。

パパが子どもとの時間を意識的に作ってくれるならばまだしも、そうでない場合は、**たまにパパがしてくれたことを徹底的に褒める、というのが得策です。**例えば、料理をしてくれたら「パパ、お料理上手だよね〜」、掃除をしてくれたら「パパがお部屋きれいにしてくれたよ〜」など、子どもに褒めさせるのがポイント。「パパ大好き」「パパありがとう」と、子どもから伝えてもらうのです。

パパが子どもをかわいいと思えたら、自然と子育てに対する協力度合いは高まります。ちなみに私は、「男性が家事をやることはカッコいい」という価値観を息子に刷り込んでいます。パパが家事をしていると、息子が手伝いに行く、という流れができています。こうなれば、パパも家事や育児をやる気になってくれるはずです。

もう一つ、**「お金や物で釣る」というのも有効な手段です（笑）**。釣るって、言い方はアレですね。**「感謝を伝える」**です。

私の場合は、楽読スクールの売り上げが好調だった月は、いつもよりも多めに生活費を入れるようにしています。そして、そういう時は振込ではなく、手渡しで渡す。そうすることで、何となく「認められている感」が夫に出ます。

稼いでいないママさんの場合は、たまにちょっとしたケーキを買ってきたり、お酒が好きな旦那さんなら、小さなボトルでも良いので、ちょっといいお酒を買ってくるとか。感謝を行動で伝える、と言うのはとても重要なポイントです。

家事や育児を「やってくれてありがとう」の気持ちを、お金や物で伝える。もったいない、あるいは「家事や育児をやるのは当たり前でしょ」と思うかもしれませんが、感謝の気持ちをちゃんと伝えると、旦那さんも気分よく手伝ってくれるようになるはずです。

伝えたいメッセージ

「時間＝命」。

ワーキングママこそ、時間を有効活用しよう。

（頑張らないで成果を出す人になるヒント）

- 何に時間を取られているか、何にもっと時間を使いたいかを意識しましょう。
- 自分がやらなくても良いことを洗い出しましょう。
- 「女性だから」、「妻だから」という固定観念はないか？　考えてみましょう。

（頑張らないで成果を出すためのワーク）

・自分が「クレクレ」になっていないか、確認してみましょう。
・夫や家族、友人等に、手伝ってもらえることを探してみましょう。
・「○○しなければならない」を、一度全て疑ってみましょう。

第6章 ぴろみん流タイムマネジメント術

少しの手間で大きな成果を出す！　そのために

ここまでも何度か繰り返し書いてきましたが、私は子育てをしながら楽読という速読のスクール運営するのと同時に、楽読全体のお仕事にも関わっています。ですから、普通に考えるとやるべきことは多い。でも、週休三日、子育て優先のライフスタイルで、自分の時間もしっかりと確保した上で、年収一千万を稼いでいます。

となると、第四章にも書きましたが、**タイムマネジメント、限られた時間をどう使うか、どう生産性を上げていくかが非常に重要なテーマになってきます。**特に働きながら子育てをするワーキングママの皆さんにとっては、極めて重要課題だと思います。子どもが保育園児くらいなら、日々の送り迎えや、こまごました作業がありますし、学校に通い始めたとしても、子どもが帰ってくる前に家に帰って、夕食の支度をしないと、ということがあるのではないかと思います。ですから、限られた時間内で、アウトプットを最大化することが求められます。

小さな手間、少しの時間で大きな成果を上げる。私はこれが大好きです。私の楽読スクールのモットーは「頑張らないで成果を出す」であり、受講生さんにもその状態で日常を過ごせるように、と思って日々スクール運営に取り組んでます。

時間をうまく使えるようになると、ゆとりが生まれます。私は時間にゆとりがない状態を「ハムスター状態」と呼びます。

よく、ハムスターのゲージの中に置いてある運動不足解消のための車輪。ハムスターがどれだけあの車輪の中で必死に走ったとしても、どこにもたどり着かない。言わば空回りです。そんな仕事をしてませんか？　という皆さんへの問いかけです。

こんなことを偉そうに書いている私ですが、リクルートの営業時代、特に新人の頃は深夜残業続きの日々でした。あくまでも会社が悪いのではなく、私個人のスケジューリングの下手さや、要領の悪さが原因でした。

「これではいけない！」と一念発起して、まず楽読を受講して、脳を活性化して仕事を早くこなせるようにしたのと、タイムマネジメントのやり方をガラッと変えたのです。

限られた時間で効率よく仕事をするために必要なことが大きく三つある、と考えています。ここからご紹介していきましょう。

一つ目は**「段取りを組むこと」**です。**私は「段取り八分」という言葉が大好きで、いつも意識するようにしています。**仕事でも何でも、全体像が見えないまま、手が届くところから着手してしまうのはNG。実は、こっちから始めた方が効率良かったのに……とか、この仕事は一人じゃとても片付けられないから、「先輩のアドバイスをもらわないと……」「同僚に手伝ってもらわないと……」とか、そういうことが後から分かったりする。

「こっちの方が効率的だった」は、まだ、自分一人で頑張ればなんとかなる（かも）。

ですが、先輩に手伝ってもらわないと仕事が進まない……なんてことが、例えば締め切りギリギリにわかったら、どうでしょう。各方面に迷惑をかけてしまうことになります。

なので、目先の仕事、目につく仕事から何も考えずに着手するのではなく、仕事の全体像を見極めて、その仕事を終わらせるために必要なこと、やるべきことを分解して、把握する。そこから、どう手を付けていくかを考えることが、短時間で効率よく仕事をこなすコツです。

こうしておくと、やっているうちに「このままだとマズいな」ということも早めに気付けます。早めに気付ければ、傷が浅いうちに計画を修正することもできる。こういうメリットもあります。

また、これは日々の仕事に着手する前にも言えることです。

私の場合、楽読のレッスンをする前に、レッスンに必要なツール一式を準備しておくこと、受講生さんの情報を把握すること、スクール開催のレッスンであればスクールの清掃や準備も前もってできることは、基本的には前日までに完了させておきます。始まる直前にアタフタしているようだと、レッスンの質は確実に下がります。ですから、こうした準備は、前もってやっておくことを意識しています。

「そんなことわかってるよ！」ってなる人もいるかもですが、当日になって想定外の仕事や子どもの世話に時間がかかってしまってバタバタしてしまう、あるあるなのではないでしょうか？　突発の仕事が起こっても、慌てないよう準備するのが大切です。

次に、**「自分にとっての成果は誰が決めるのか」を意識することです。**お勤めの方であれば、上司や人事部の方が査定するかもしれません。個人事業主であれば、お客様があなたの価値・成果を決めます。

いくらあなたが自分の製品やサービスを「これはすごく価値がある！」と思っていたとしても、お客様が「それはいらない」と思えば、価値はなくなります。自分の評価を決めるのは誰かを理解すると、行動が変わります。簡単に言えば、自分の成果につながる行動にフォーカスできるようになるからです。

これがわかっていないと、忙しいわりに評価されない、成果につながらない、ということになりがちです。

頑張っているのに認めてもらえない……と感じている方は、今一度、自分の仕事は何をもって、誰が評価しているのかを改めて考え直してみることをオススメします。

三つめは、**「自分がやらなくても良いことはやらない」**です。

もし、チームで仕事をしているのであれば、自分でないとできない仕事以外は後輩や部下に任せる。あるいは、やらなくても良い仕事、お客様やチームメンバーに迷惑が掛からないものは思い切って止める、というのも一つの手です。

第四章でも書きましたが、私は週に四日外食をしていた時期がありました。新型コロナウイルスの影響で最近は控えていますが、「子どもの食事を作る」ことは他の人にもできますが、「息子の話を聞いて、コミュニケーションをとって喜ばせる」ことは、母親にしかできないこと。私はそう判断していました。

ですから、**「これは本当に自分がやらなければならない仕事か？」をシビアに見極める目と、思い切って手放す勇気を持つこと。**そして生まれた時間で、自分の成果につながる仕事をすることが大切だと私は思います。

上手な時間の使い方のために

いつも忙しそうにしている人、時間のゆとりがない人、時間に追われている人を見ていると、キツい言い方になりますが「仕事、できないんだろうな」と思ったりします。と言うのも、昔の私がそうだったから、とてもよくわかるのです。

私は、楽読を習得して脳の回転率を上げて仕事が早く終わるようにすると同時に、時間の使い方を変えたことで、毎日深夜まで残業を続けていたのが、毎日定時上がり、しかも成果は以前よりも出している、という状態を作り上げました。

そのコツの一つは**「仕事を納期までにやろうとしない」**ことです。

え？　と思うかもしれませんね。「納期に遅れても良いってこと？」と思う方もいるかもしれませんが、その真逆です。私は、納期の遅くても一日前を自分の中の締め切りに設定して、そこまでに仕事を終わらせるように意識しています。

納期が明日までの仕事だったら、今日は仕事終わって、明日やればいいや……という発想だと、思ったよりも時間がかかったり、他に急ぎの仕事が入ってきて、そっちに追われて納期に間に合わず……なんてことが起きたりします。

ワーキングママの皆さんの場合、「○○ちゃん、お熱あるのでお迎えに来てください！」と、保育園から呼び出しがかかる、なんてこともあるあるですよね。

つまり**「納期までに終わらせよう」という意識だと、納期遅れにつながります。遅くても、納期の一日前に終わらせておく。**そうすると、当然ゆとりが生まれます。突発的な仕事やトラブルがあっても、落ち着いて対応できる。

納期よりも早く仕事を上げることで、仕事を依頼してくれた人が楽になったり、助かることも多々あります。逆に、納期を守らないことで、催促をする手間をかけたり、相手の仕事を増やしたりすることにもつながります。そして、何より納期を守らない人は印象が悪い。なので、**「納期までに仕上げる」ではなく「納期前に終わらせる」を意識しましょう。**

次に、**人と会う予定の前後には、必ずバッファ（余裕）を作っておくことです。**

私の場合、楽読レッスン開始時刻の結構前にスクールに来られる受講生さんがいます。「時間が余ったから」ということもあるし「ぴろみんとお話したい」という方もいます。逆に、レッスン後に受講生さん同士でおしゃべりに花が咲く、ということもあります。

もし、こんな時、レッスン前ギリギリにスクールに到着したり、レッスン後、すぐに移動しなければならなかったりしたら、どうでしょうか？

人と会う予定は、自分でコントロールできない部分も多いため、突発的な事項が起こりやすいものです。相手が早く着いたり、逆に遅れたりということが起こりやすい。そんな時、ツメツメ、キツキツのスケジューリングをしていると、他の予定にも影響が出てしまう。

ですから、私は人と会う予定の三十分、短くても十五分は時間を空けて、余裕を作っておくようにします。そうすると、レッスンの後に受講生さんが盛り上がっていても、落ち着いてその輪に加わることができる。それだけでも、「ぴろみんのスクールに行って良かった、楽しかった」と満足度は上がるでしょう。

もし、予定通りに終わって三十分時間が空いたら、休憩してもよし、ちょっとの時間でできる仕事をしてもよし。誰も損をしませんし、迷惑をかけることもない。

こうしたちょっとした工夫で、時間は有効に使えるようになるのです。

時間ドロボー撃退法

自分自身はできるだけ生産性高く、時間を有効に使おうとしているのに、それを（多くは無意識だとは思いますが）邪魔してくる人がいます。こういう人を、私は「時間ドロボー」と呼んでいます。ここでは、仕事でこういう人と関わると、自分の時間を取られやすい……という方の典型的な例をいくつか挙げておきます。こういう言動が多い方とは、私自身は距離を置くようにしています（笑）。もちろん、プライベートで関わる分には構わないでしょうが、特に仕事においては要注意です。

「時間ドロボー」への私の基本スタンスは**「適度に絡みにくい人になる」**です（笑）。

色々な人と仕事をしてきて、色々なケースを見てきましたが、「いつも忙しそうな人」というのは、実は周りにとって「便利な人」であることが多々ありました。

「あの人に聞けば教えてくれる」とか「あの人に頼めばやってくれる」など、それはそれで決して悪いことではないですし、素晴らしいことだとも思います。なので、一概に否定するものではありません。

ただ、私も含めた働くママの皆さんは、決してヒマではありません。限られた時間の中で、仕事も子育てもしていかなくてはならない。その上、家族との時間を持ったり、自分のスキルを上げるための勉強をするためには、さらに時間が必要になります。

時間が有り余っていて、自分の仕事をして、なおかつ時間があるという方は、皆さんの便利屋さん的ポジションを担っていただけたらと思いますが、働くママの皆さんは無理にそれをする必要はない、むしろやらない方が良いと思います。

なので、「適度に」絡みにくい人になるのです。単なる絡みにくい人だと、周りに誰もいなくなってしまいます（笑）。

例えば、誰かに何かを質問された時も、その質問に一〇〇パーセント答えてあげる必要はありません。今の時代、パソコンやシステムの使い方がわからなければ、インターネットで検索すればかなりの確率でヒットしますし、言葉の意味が分からなければ、辞書を引けば良い。**調べればわかることは、自分で調べてもらう。**

もう一つは、**思考停止的な質問にも答えません。**

自分で考えたり、調べたりすることなく、ただ何となく聞いてくるケース。これも私は回答しないことを選択します。

例えば「週休三日で年収一千万円を稼ぐには、何を学んだら良いですか」という質問。確かに、これは検索しても出てこない内容かもしれません。でも、質問の仕方に自分で考えた形跡もない。こういう質問には、回答しようにも、回答できない。何しろ、範囲があまりに広すぎます。

この場合、私ならおそらく「ご自分は、どう思いますか?」と聞くでしょう。答えが返ってきたら、まずはそれをやってみて、その結果を振り返ってみてからまた聞いてくださいと言うと思います。

自分でやってみて、上手く行った、行かなかったという経験は絶対に必要。それがないと、何を聞いても自分の身に付きません。カンタンに手に入った情報は本人にとって価値実感が薄いため、アドバイスを聞いた割には実践に移してもらえる可能性が低いというのもあります。

もう一つ、私は**仕事の納期や時間を守らない人とも、距離を置くことにしています。**依頼した仕事が上がってこない、約束の時間に遅れる、ミーティングが予定通り終わらないなど、こういう方は「人の時間を奪っても平気」ということですねと判断しています。

頼んでいた仕事が納期通りに上がってこないと、「催促した方が良いかな」とか「いつ来るのかな」とやきもきしてしまう。この時間と、そこに割かれる思考がもったいないと思うのです。

ミーティングが延びることに関しても、次の予定がある場合は「この時間になったら抜けますので」と予め伝えるようにしています。時間に遅れてくる人も同様で、遅れてくる人に合わせることはしません。ミーティング開始時間が来たら、遅れている人がいても定時で始めます。

こういうことを繰り返していると、「ぴろみんとのアポは時間を守らないとマズい」と相手に意識付けることになり、以後、自然と守ってくれるようになったりします（笑）。

さらにもう一つ挙げるとすれば、**時間を有効に使いたいならば「愚痴っぽい人」とも距離を置くことをオススメします。**

人の悪口や噂話、人間関係の悩み事など、愚痴を言いたいという人は世の中にたくさんいます。でも「人の愚痴を無償で、喜んで聞きたい」という人は、あまりいないのではないかと思います。

私は楽読という速読のインストラクターの他に、「リターンスクール」というグループセッション、グループコーチングもしています。なので、このセッションの一環で人生相談にお答えするのは得意です。

ただ、プライベートで、お茶でもしながら愚痴を聞く……というのは、ちょっときついな、と思うことが多いです。

こういう人に対して私がどう対応しているかと言うと、まず、**「有益な情報を聞く」という意識を持ちます。**会社組織やコミュニティで仕事をしていると、「あの人とあの人がケンカしている」とか「あの人とあの人が不倫してるらしい」とか「あの人は奥さんと上手く行ってなくて、イライラしている」みたいな情報を持っていることが、仕事をする上でのメリットになったりします。

なので、そういう話を「ふーん」「へーえ」と聞き流した上で、「ところで、こないだのあれなんだけど……」という具合に、適度なところで話を変える、ということをしています。

相手の愚痴に付き合っていると、こちらまで気分下がりますし（笑）。

うっかり「そうだよね」と同調してしまうと「ぴろみんもそう言ってた！」などと他の人に言われたりするリスクもあります。なので、適度に聞き流して、話を変える、という対策を取っています。

いかがでしょうか。「何も、そこまでしなくても……」と思う部分もあるかもしれません（笑）。

これはあくまで私のやり方であり、私の考え方です。これが一〇〇パーセント、絶対に正しいと言うつもりはありません。ただ、年収を上げるためには時間を上手に使えるようになることは必須です。もし「参考になるな」と思う内容があれば、ぜひ真似してみていただきたいと思います。

繰り返し書きますが、働くママにとって「時間」は本当に大切なもの。命は有限ですし、一日は誰にとっても二十四時間しかありません。この限られた「資源」を、上手に振り分けていくことが、楽しく、幸せに、しかも自分がやりたい仕事で成幸していくためには絶対に欠かせないことだと、私は思っています。

伝えたいメッセージ

限られた時間を上手に使うために、
自分の時間も相手の時間も大切に使おう。

（頑張らないで成果を出す人になるヒント）

・自分の時間の使い方は理にかなっているか、考えてみましょう。
・自分は人の時間を奪っていないかな？　と意識してみましょう。
・あなたの周りに「時間ドロボー」はいないか、振り返ってみましょう。

〈頑張らないで成果を出すためのワーク〉

- 仕事の段取りを組んで、全体像を把握してから着手してみましょう。
- 自分の成果は誰が決めるのか？　を改めて考えてみましょう。
- 仕事を納期の一日前に終わらせるスケジュールを立ててみましょう。

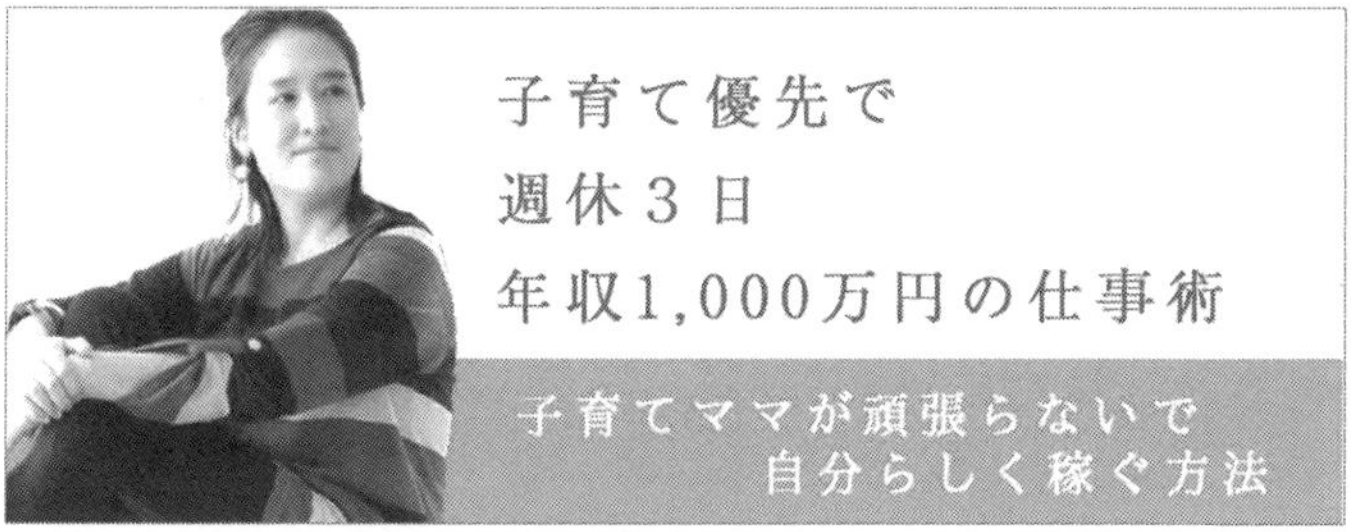
子育て優先で
週休３日
年収1,000万円の仕事術
子育てママが頑張らないで
自分らしく稼ぐ方法

青山ひろみ（びろみん）
最新情報はこちら

子育て優先で、週休3日・年収1000万の仕事術

▼無料動画
▼オンライン・サロン
▼各種セミナー情報
▼コンサルティング情報

YouTube

※2021年4月末現在の情報となります

楽読スクールについて

楽読MVP（ミッション・ビジョン・ポリシー）

M（ミッション）人が本来あるべき姿へ還る環境提供
人が人らしく生きる社会を創りたい！　という願いを込めています。

V（ビジョン）世界ニコニコピース
世界中が平和になるのは、ひとりひとりが幸せを感じて生きていればそうなる、と感じています。

P（ポリシー）全てのベースは愛基準
人間だから失敗、過ちもあるでしょう。
しかし、愛を持って行なった失敗は大きな問題にはならない、と感じています。

楽読
ミッション
人が本来あるべき姿へ還る環境提供
ビジョン
世界ニコニコピース
ポリシー
すべてのベースは愛基準
Rakudoku

楽読クレド七箇条

楽読クレド七箇条は二〇一四年の楽読全国インストラクター研修のなかで、参加者とともに作りました。ミッション、ビジョン、ポリシーをさらに具体化した、楽読インストラクターとしてのあり方を言語化したものです。

1. 自我自賛し、波動を上げて生きます
2. ご先祖様、両親、恩人、ご縁に感謝して生きます
3. 自然と共存し、感性を磨き続けて生きます
4. 未来の子どもたちのために今を生きます
5. 世界基準の家族愛で生きます
6. 仲間と繋がり、世界と繋がって生きます
7. リターントゥヒューマンします

楽読クルド 7ヶ条

1. 自我自賛し、波動をあげて生きます

2. ご先祖様、両親、恩人、ご縁に感謝して生きます

3. 自然と共存し、感性を磨き続けて生きます

4. 未来の子どもたちのために今を生きます

5. 世界基準の家族愛で生きます

6. 仲間と繋がり、世界と繋がって生きます

7. リターントゥーヒューマンします

リターントゥヒューマン創業理念（原点）

二〇〇五年十月、楽読創業者・平井ナナエ（ななちゃん）の叔父が本町の事務所を使っていい、と連絡をくれて、始まりました。
とても素晴らしい立地で始まりました。

創業時、なぜ速読を伝えるのか？
それは「人が人らしく自分を生きれる社会を創りたい」と願っているから！
人が自分自身に自信を持つ事で人生が変わる！　と強く感じたから。
人が自分の声に気付いて、自分の価値観で生きられる社会。
自分のことを表現できる社会。
人が人のことを応援できる社会。
人が自分と違う人のことを許容できる社会。

そんな想いを熱く語り続けて生まれたのが「リターントゥヒューマン」。人が本来あるべき姿へ還る、と英語で表現するとどうなる？　となおちゃんが友人へ質問したら、返ってきたのが、「Return to human」だったのです！

ななちゃんは、この言葉をミッションとし、そのまま社名にすることを決めました。

楽読が様々な事業を経営する理由

楽読ではこれからも様々な事業を様々な地域で進めていきます。

そこには大きく三つの想いがあります。

①楽読の肯定的なコミュニティを全世界に

これからの時代、どういう価値感で生きていくか？　がとても大事になっていきます。

楽読の「あなたの心の中の平和が全ての平和」という価値観が世界に広がることにより、

皆さんの心の平和を作り続けます。

②次世代の子どもたちに何を遺すかという視点

楽読はクレドにもあるように未来の子どもたちの為にどんな社会を遺すかという視点で取り組んでいます。一つ一つの事業には全て想いがありそれは未来の子ども達に繋がっています。

③仲間の想いをカタチにする

楽読のみんなはミッションを持っています。そのミッションを実現するために楽読は、楽読スクール事業にこだわらず、みんなの想いを元に世の中を優しくしていく事業をこれからもしていきます。

楽読の社会的貢献の宣言

楽読は、全社会の人々の肯定感を上げ、その人がその人らしく生き、社会に貢献する人財に成長させる為に存在します。

あとがき

最後までお読み頂き、ありがとうございました。


私が本書を通してお伝えしたいメッセージは、

「ママになっても、自分のやりたいことをあきらめないでほしい」

ということです。


週休三日のライフスタイル。

年収一千万の生活も三年目でお金の心配もほぼナシ。

やりがいのある仕事。

しかも子育ても目一杯楽しめていて。

夫とは仕事面でもサポートしてもらえる関係。

「そんなのは無理。それができるのは一握りの人だけでしょ」

それは、この本を読んでくれた、あなた自身が決められます。

でも、**何も始めなければ、叶う確率はゼロ**です。

女性が長く働くこと、子どもを育てながら社会に出ること、会社に属さず個人で活動していくこと。これらは昔に比べて、やりやすい時代になってきています。

楽読のように、子育て中のママさん自分のペースで働けるコミュニティや起業の手段は、探せばいくらでも情報が見つかります。

私のように、ＹｏｕＴｕｂｅで情報発信したり、オンラインサロンを作っていたり、起業初心者さんをサポートする取り組みをしている女性起業家も、たくさんいます。

子どもを育てているからと言っても、ママさんである前に一人の人間です。母親という役割だけに縛られて生きるのではなく、自分が生きたいように豊かに生きて、さらにママさんとしても家族と一緒の時間を過ごすこと。
これが叶ったとき、人生の豊かさは大きく変わります。

その実現を妨げるものがあるとしたら、あなた自身の中にあります。
もっと、自分らしく生きることを、自分に対して許可してあげてください。

この本が、あなたにとって背中を押す一冊になったのであれば幸いです。

参考文献

茂木健一郎『成功脳と失敗脳 脳が震えるほど成功する方法』総合法令出版
小室淑恵『「3人で5人分」の成果をあげる仕事術』日経ビジネス人文庫
日本生産性本部「労働生産性の国際比較2020」

青山ひろみ

一般社団法人「楽読ジャパン」経営戦略理事
「楽読」愛知県一宮駅前スクールオーナー
「リターンスクール」ファシリテーター

幼少期は、病弱で引っ込み思案でいじめられっ子だったが、「学ぶことによって、できないことができるようになる」という感動と喜びに出会い、生きていく原動力となる。

株式会社リクルート入社当初は、仕事で成果をあげられず苦悩していたが、「できない自分が、どうやったらできるようになるか？」を、ひたすら探究した結果、誰にでもできるようになるマニュアルが完成。当時の新人育成マニュアルとして採用され、事業内で全国展開となる。

仕事の一環で30種類超の習い事を経験し、最も惚れ込んだ速読スクール「楽読」のインストラクター資格取得。YouTubeチャンネルでママさん起業家のノウハウや、舞台裏を発信している。

世の中のママさんたちに「あきらめないで！」を伝え、家族の時間をしっかりとった上で、仕事で結果を出す方法を伝えることに情熱を感じている。

子育て優先で、
週休3日・年収1000万の仕事術
子育てママが頑張らないで自分らしく稼ぐ方法

2021年8月8日　第1刷発行

著　者　青山《あおやま》ひろみ

プロデュース協力　斎東亮完
編集協力　　　　　あべのぶお、原田祥衣

発行者　太田宏司郎
発行所　株式会社パレード
　大阪本社　〒530-0043　大阪府大阪市北区天満2-7-12
　　　　　　TEL 06-6351-0740　FAX 06-6356-8129
　東京支社　〒151-0051　東京都渋谷区千駄ヶ谷2-10-7
　　　　　　TEL 03-5413-3285　FAX 03-5413-3286
　https://books.parade.co.jp
株式会社RTH（株式会社RTH）
　〒530-0012 大阪市北区芝田1-10-10　芝田グランドビル802A
　Email info@rth.co.jp　TEL 06-6359-1997
発売元　株式会社星雲社（共同出版社・流通責任出版社）
　〒112-0005　東京都文京区水道1-3-30
　TEL 03-3868-3275　FAX 03-3868-6588

装　幀　藤山めぐみ（PARADE Inc.）
印刷所　中央精版印刷株式会社

ISBN 978-4-434-29218-7　C0034